国家社会科学基金一般项目“京津冀协同发展的阶段效果评价研究”（18BGL273）
海淀区委党校重点课题：中关村核心区与美国硅谷发展指数比较研究

Research on Innovation Development Evaluation of Zhongguancun Core Area

中关村核心区创新发展评价研究

基于硅谷指数的启示和比较

U0886497

叶素云◎著

经济管理出版社
ECONOMY & MANAGEMENT PUBLISHING HOUSE

图书在版编目（CIP）数据

中关村核心区创新发展评价研究：基于硅谷指数的启示和比较/叶素云著 .—北京：经济管理出版社，2020. 8

ISBN 978 - 7 - 5096 - 7416 - 1

Ⅰ. ①中… Ⅱ. ①叶… Ⅲ. ①高技术开发区—经济发展—海淀区 Ⅳ. ①F127. 13

中国版本图书馆 CIP 数据核字(2020)第 158063 号

组稿编辑：申桂萍
责任编辑：申桂萍 刘 宏
责任印制：黄章平
责任校对：张晓燕

出版发行：经济管理出版社
（北京市海淀区北蜂窝 8 号中雅大厦 A 座 11 层 100038）
网 址：www. E - mp. com. cn
电 话：（010） 51915602
印 刷：唐山昊达印刷有限公司
经 销：新华书店
开 本：720mm × 1000mm/16
印 张：10
字 数：151 千字
版 次：2020 年 8 月第 1 版 2020 年 8 月第 1 次印刷
书 号：ISBN 978 - 7 - 5096 - 7416 - 1
定 价：48. 00 元

· 版权所有 翻印必究 ·
凡购本社图书，如有印装错误，由本社读者服务部负责调换。
联系地址：北京阜外月坛北小街 2 号
电话：（010） 68022974 邮编：100836

目 录

第一章　引　言

改革开放以来，中关村走出了北京、走出了中国，发展成为世界瞩目之地。在科技创新发展方面，中关村核心区是中关村的核心区域，历史积累最深、基础条件最好、创新优势最强，其创新发展情况非常值得深入研究。尤其中关村核心区与美国硅谷之间存在何种差距或差异也是备受关注的话题。为此，本书借助大量数据，对中关村核心区创新发展水平进行评价，并与硅谷进行比较研究，这不仅有助于大家了解中关村核心区创新发展情况，也是学习硅谷成功经验的基础，同时也能为中关村核心区创新发展水平的提升和中关村科学城建设提供一些启发。

第一节　研究背景

党的十八大报告提出，我国要加快建设创新型国家。2014 年 2 月 26 日，习近平总书记视察北京，明确提出北京全国政治中心、文化中心、国际交往中心和科技创新中心的“四个中心”城市战略定位。这进一步明确了在我国创新型国家建设的大背景下，北京市将强化科技创新中心建设，加快建设具有全球影响力的科技创新中心。

为了推进全国科技创新中心建设，2017 年以来，北京市提出把“三城一区”建设作为主平台，包括中关村科学城、怀柔科学城、未来科学城、北京经济技术开发区建设，要深化科技体制改革，努力打造成北京经济发展新高地。在“三城一区”建设中，中关村科学城（即海淀）历史积淀最深、内生动力最强、基础条件最好，因此，在北京加快建设具有全球影响力的科技创新中心进程中，中关村科学城建设排在“三城一区”之首，应当继续发挥区域优势、聚焦功能定位、推进先行先试、激发创新主体活力、聚集创新要素，服务北京全国科技创新中心建设的大战略。

在中关村科学城建设的背景下，海淀的发展思路和方位也需调整，海淀区委十二届九次全会明确提出，将通过深化落实“两新两高”战略，推进中关村科学城建设。“两新两高”战略内涵丰富，包括经济高质量发展、城市高品质建设等方面，但其中的精髓并没有脱离海淀过去作为中关村核心区以及未来作为中关村科学城所在区域所应当把握的最核心的城市功能定位和经济发展主线，即科技创新。

也即在上述背景下，为了更好地服务于海淀的科技创新发展和下一步的中关村科学城建设，我们对中关村核心区的创新发展水平和变动趋势进行研究，并将其与全球科技园区发展标杆——美国硅谷进行比较，我们的研究相比于整体研究中关村而言，能够刨除中关村“一区十六园”内部差异和内部不平衡性的影响。同时，由于我们所研究的地域范围属于海淀区，因此，对海淀如何建设全国科技创新中心核心区、集焦中关村科学城建设，具有较强的政策指导意义。

第二节　研究意义

中关村国家自主创新示范区（以下简称“中关村”）起源于20世纪80年代的中关村“电子一条街”，自1988年国务院批复成为我国第一个高新技术产业试验区至今，已走过30多年的发展历程，并已形成488平方千米的“一区十六园”发展格局。[①] 时至今日，中关村走出了海淀、走出了北京、走出了中国，发展成

① 十六园包括：海淀园、丰台园、东城园、西城园、朝阳园、石景山园、门头沟园、房山园、通州园、顺义园、大兴—亦庄园、昌平园、平谷园、怀柔园、密云园、延庆园。

为世界瞩目之地。中关村核心区（海淀园）目前是我国高新技术产业最密集、高素质人才最集中的地区之一，也是中关村的起源地。不少人研究了中关村与硅谷的差距，但事实上，中关村“一区十六园”不仅存在地理空间上的分割，而且处于不同区级行政单元，内部发展的差异化和不平衡性也很突出，真正核心的区域是中关村核心区。《北京统计年鉴》数据显示，2018 年中关村核心区规划总面积占整个中关村 40.73%，园区总收入占 40.75%。不过从产业类型和创新梯队上看，中关村核心区与硅谷相似度最高，如果将整个中关村与硅谷进行比较，不利于真实掌握中关村核心区域与硅谷的差距。正是基于这样的原因，本书重点研究中关村核心区的创新发展情况，并将其与硅谷进行比较，以使读者更好地了解中关村核心区的发展水平和变动趋势，树立对我国科技园区创新发展的信心。中关村核心区与硅谷具有许多相似的发展要素，但是与硅谷相比，在产业发展、人才集聚和创新环境等方面，核心区仍然存在一定差距。虽然网上有大量的新闻或资料报道了中关村核心区的发展，但是具有研究参考价值的文献并不多，特别是许多研究都停留于定性或简单统计分析层面，缺少全面性、系统性、整体性的分析与比较性的研究。而本书对中关村核心区创新发展进行研究，特别借助大量指标，构建了中关村核心区创新发展评价体系，并与硅谷进行多维度比较，无疑有助于大家更好地认识中关村核心区的创新发展情况，及其与硅谷发展的差距。

从逻辑上讲，本书有必要对研究对象进行说明。我们的研究对象是中关村核心区，但是涉及海淀和中关村科学城，其中中关村核心区与中关村科学城之间，主要存在时间的逻辑衔接关系（见图 1－1），同时，两者在地域上又属于海淀区，① 是海淀区在不同阶段的发展重心。可以说，现阶段以及未来，海淀发展的定位是建设中关村科学城，而在 2009 年中关村国家自主创新示范区批复以来，海淀发展的核心区域是中关村核心区。不过目前许多数据统计的区域范围要么是海淀，要么是中关村核心区，因此，在研究中关村核心区的创新发展情况时，不

① 中关村科学城起初仅包括海淀部分区域，2017 年 1 月起拓展至海淀全域和昌平生命科学园等部分区域。

可避免地会涉及海淀区层面的一些相关指标和数据。但是不管如何，我们的目标是对中关村核心区的创新发展水平做出客观的评价，以更好地服务于海淀下一步的中关村科学城建设。

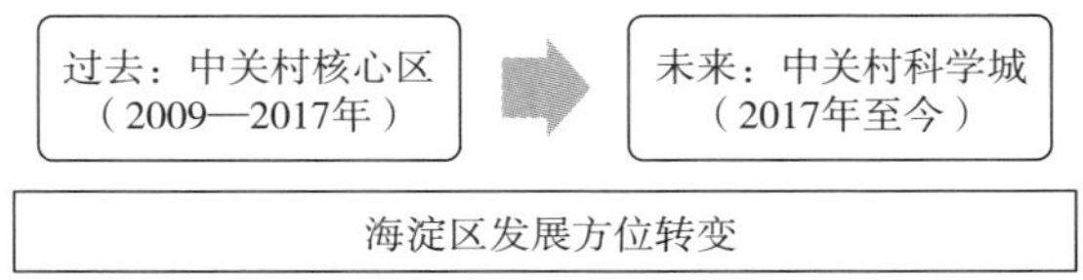

图1－1　海淀区、中关村核心区、中关村科学城的逻辑关系图

第三节　研究思路框架

本书的目标是全面揭示中关村核心区的创新发展水平，以更好地服务海淀区中关村科学城建设。由于海淀区的高科技企业主要集中于中关村核心区，与科技创新和高科技企业发展有关的指标过去主要是以中关村核心区为空间单元进行统计的，因此，本书将主要借助这些科技创新和高科技企业发展的相关数据指标，对中关村核心区的创新发展水平进行评价。

我们对中关村核心区进行评价的维度主要是采取截面分析、纵向比较与横向比较相结合的方式展开：截面分析，即利用最新的数据资料，刻画中关村核心区发展现状；纵向比较，即通过构建指标体系，从时间维度上揭示中关村核心区创新发展水平的变化；横向比较，主要通过与美国硅谷的比较，揭示中关村核心区（或海淀）与全球科技园区标杆——硅谷发展之间的差距。这是本书的核心内容。

除此之外，为了保证研究的完整性，我们将介绍中关村科学城建设的背景，以揭示海淀面临的发展定位的变化；介绍硅谷指数构建，以为本书中关村核心区创新发展评价指标体系的构建提供思路借鉴；结合中关村核心区发展水平的评价和当前发展实际总结出中关村科学城建设将面临的问题和挑战，最后提出提升中关村科学城建设的对策建议。

具体地，本书的研究思路框架如图 1 -2 所示。

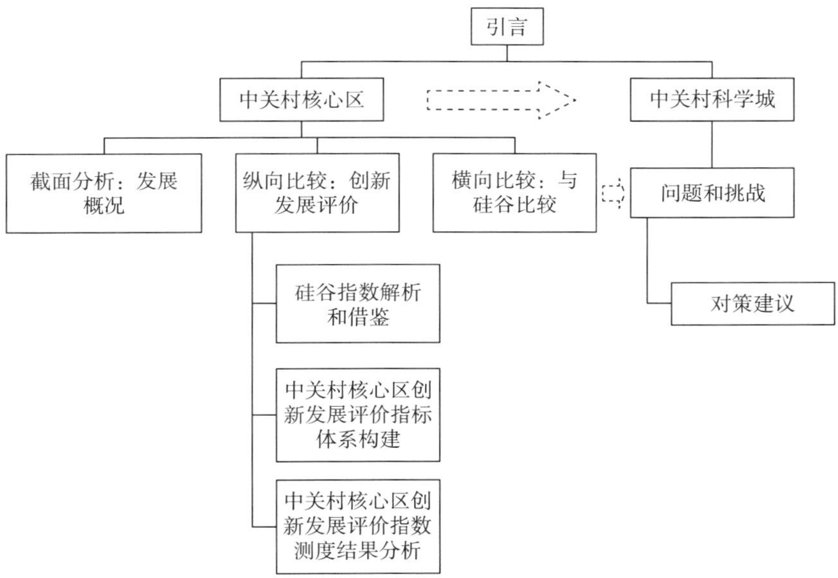

图 1 -2 本书研究思路框架

第四节 国内外研究综述

中关村创新发展 40 年来已经积累了丰富的实践经验，相关的研究与报道并不少，但是集中研究中关村核心区的文献并不多，许多研究在比较区域发展时，将中关村与其他区域进行比较，但是忽视了中关村“一区十六园”在地理空间与经济发展上的分割，特别是中关村核心区（海淀园）无疑排在中关村“一区十六园”之首，集中体现了中关村的创新之魂。因此，将整个中关村与其他区域比较可能稀释了中关村核心区的创新水平，无法让人真正了解中关村核心区域的科技创新发展水平。因此，我们只研究中关村核心区能够刨除中关村“一区十六园”内部差异和内部不平衡性的影响，更好地体现中关村核心区创新发展情况。

从现有研究来看，许多研究关注了中关村发展历程，特别是早期陈春先访美之后，回到中关村，提出要学习硅谷、模仿硅谷，因此开始了第一批科技人员下海，并由此产生了中关村电子一条街，直到发展成为目前的中关村（贾春旺，2017；吴晓波，2007；海淀区委党校课题组，2018）。

中关村是我国科技园区发展的一面旗帜，但是在发展的早期，许多企业都是遵循“贸工技”到“技工贸”的路径发展起来的。所谓“贸工技”是指企业开始是通过转卖别人的产品（即“贸”），初步获得自己的原始积累之后，开始工业制造商品（即“工”），到最终有资本进行研发投入，有自己的核心技术（即“技”）。“技工贸”则是相反的过程，指的是先通过自己的技术获得财富积累之后，对整个行业的贸易起到引领作用。中关村许多企业在发展过程中，到底是遵循“贸工技”还是“技工贸”有一定的争论。比如：倪光南（2005）认为，联想开始是遵循“技工贸”路径，而后柳传志提倡用贸易引导市场，走上了“贸工技”，耽误了联想的发展；有些人认为，联想开始是通过倒卖产品起家的，而陶勇（2017）认为，联想起初就是遵循“技工贸”发展模式。但是不管是“贸工技”还是“技工贸”的发展模式，中关村的企业确实早早地引领着我国走上了科技发展道路，即较早参与了“技”的过程。在20世纪80年代中期，大量的科技人员下海在中关村办起各类“电子”公司，包括当时著名的“两通两海”（即四通公司、信通公司、京海公司、科海公司），出现了一批具有开拓创新精神的知名企业家，如陈春先、柳传志、王小兰等；到了20世纪90年代中期左右，中关村是中国人第一次实现“触网”（接触互联网）的地方，率先引领我国快速走上信息化高速发展的道路，并逐步为世界人民所知。

中关村的快速发展也得益于国家各项改革先试政策在中关村的推进，并让越来越多的学者开始关注中关村。1978年改革开放以后，大量科技人员下海成立科技公司，国家开始逐步对中关村这片区域给予了许多先行先试政策。1988年国家批复设立北京高新技术产业开发试验区，1999年批复设立中关村科技园区，2009年批复建设中关村国家自主创新示范区（海淀区委党校课题组，2018），至今已有40多年的时间，中关村培育出来的知名企业和知名企业家越来越多、科技企业集聚能力越来越强，创新发展的内生动力也越来越雄厚。中关村的企业逐渐走出北京、走向世界，越来越多的人开始注意到了中关村，也有更多的人开始关注中关村并将其与国内外著名科技园区进行比较，包括中关村与美国硅谷（赵方忠、李焱，2017；牛冲槐、江海洋，2008；付信明等，2009；王建国，2019）、中关村与台湾新竹科技园（李振国，2010；张伟峰、王敬青，2007）、中关村与上海张江科技园（张英杰等，2017；谢家平等，2017）、中关村与上海、深圳、武汉等地区科技园区（蒋铁柱、杨亚琴，2001；朱少鹏、曾刚，2008；辜胜阻、李俊杰，2007），并从中发现中关村与其他科技园区的差距或差异。在众多的比较性研究中，硅谷作为全球科技园区发展的标杆，无疑受到世界各国许多科技园区的学习与模仿，因此，在多数关于中关村与国外科技园区的比较研究中，都将中关村与硅谷进行比较，并且比较研究发现两者的差距还是非常明显的。比如赵方忠、李焱（2017）指出，近几年来中关村发展专利授权量占北京的2/3左右，占全国的6%，但是与硅谷比较仍有较大差距，硅谷专利授权量占加州半数左右，占全美的比例一直稳定在12%—13%。可见，在专利产出方面，中关村在北京和在全国的地位明显不如硅谷在加州和在美国的地位。在企业创新方面，在“2016年百强创新机构”排名中，美国39家企业入围，其中12家来自硅谷，而中国仅有华为分别在2014年和2016年入选，没有中关村的企业入围。正如马一德指出的，自2008年以后，中关村创新发展略显疲态，不仅没有出现一批具有世界影响力的领军企业，仅有的几家品牌企业也多是依靠模仿或者模式创新而成功，却并非像硅谷一样源自真正的科技创新，没有形成全球竞争力和全球专利布局能力（赵方忠、李焱，2017）。

硅谷是全球科技园区发展的标杆，其发展和演变极其迅速，在二三十年前，国内许多学者就开始关注硅谷，认为它是一个奇迹，1998年其产值大概是我国国内生产总值的1/4（钱颖一，2000）。硅谷从20世纪30年代末形成以来已经历了四个阶段的演变，包括国防工业（20 世纪 50—60 年代）、集成电路（20 世纪 60—70 年代）、个人电脑（20 世纪 70—80 年代）和基于互联网产业的“网谷”（20 世纪 90 年代至今），从 20 世纪 70 年代一跃成为全球高科技产业技术策源地和全球创新最活跃的区域（郝莹莹、杜德斌，2005），因此有大量的研究总结其成功的原因。本书对现有文献进行梳理，大体来看，硅谷的成功可以归因于以下几大关键要素。

硅谷成功的第一大要素是高校，尤其是斯坦福大学。斯坦福大学与硅谷之间是一种盘根错节的关系，硅谷的首家公司是来自斯坦福大学的一个毕业生获得时任校长的乔丹和系主任马克斯的资助创办的，即鲍尔森无线电话电报公司（后改名“联邦电报公司”），随后许多从斯坦福大学毕业或与斯坦福大学有着密切关系的人员逐渐在硅谷创办了一系列的知名企业，诞生了从早期的惠普、柯达、通用、仙童等，到今天的苹果、谷歌、Facebook 等国际知名企业，并使硅谷成为国际著名的科技园区。如果整体谈论斯坦福大学对硅谷的重要性，则可以说在 1938—1968 年短短 30 年，斯坦福大学将技术从象牙塔转移到商业公司，使得圣克拉拉谷从一个遍布李子园和杏园的农民的“快乐谷”向科技企业家集聚的“快乐谷”转变，从而形成了硅谷，而后在很长一段时间内，斯坦福大学师生和校友创办的公司的产出占到硅谷的 50%—60%（Chong - Moon 等，2000），由此看出斯坦福大学在硅谷形成与发展中的关键作用。反之，硅谷的发展又回馈于斯坦福大学，为斯坦福大学提供了一个链接世界的国际开放平台（拉奥、斯加鲁菲，2014；阎光才，2003）。

硅谷成功的第二大要素是人才。硅谷的人才是高度多样化和高度流动性的。在硅谷的发展中，从外部移民进来的工程师和企业家为硅谷做出了卓越的贡献。外籍科技人员居多是硅谷区别于国际上其他任何科技园区的一个突出特点，硅谷具有来自全球追逐理想、梦想的创业者，这些人不仅在硅谷创新创业，同时还与自己的母国建立起了创新链上的联系（长城战略研究所，2016）。高度的人才聚集效应以及由此导致的规模效应和区域创新效应，带动硅谷整个区域人力资本的快速积累与提升。除了人才的多样化，人才高度流动也是硅谷的一大特点，硅谷每年企业间人才的流动保持在20%—30%（濮春华、史占中，2005），人才的快速流动加大了区域内企业间的知识溢出，提升了区域创新活力。

硅谷成功的第三大要素在于资本。多层次的资本市场对接保证了硅谷创新创业各类资金需求，美国不仅有完备的、多层次的资本市场体系，成熟企业能够通过公开市场融资获得资金，早期初创企业也很容易获得私人风险投资基金的支持。相比而言，中国早期创新科技企业普遍面临“最后一公里”问题。正如2015年底葛培健在“北京中关村、上海张江要对标美国硅谷”高端论坛上指出的，中国创新创业难以发展，有一个紧缺的因素，那就是“最后一公里”初创企业在没有市场合同的情况下，银行贷款难（姚冬琴，2015）。除此之外，私人风险资本也是硅谷科技金融的重要组成部分。美国有大量成功的科技公司创办风险投资基金企业，这些企业家不仅持资本、拥有丰富的高科技企业管理经验，还往往具有非常长远的商业眼光；相比之下，国内的风险投资基金许多是由政府主导或参与，真正由成功科技企业参与的风险资本并不多（李萍、唐清泉，2011）。

专栏：

风险资本如何助力硅谷企业成功?

Chong－Moon等（2000）在其著作中指出，虽然许多风险投资经常与大胆的冒险家故事结合在一起，但事实是硅谷的风险投资者进行的投资往往并不是随心所欲的。所谓的风险投资往往具有三个显著的特点：第一，风险资本是专业化管理的资本，实际上是以一种概念明确并且以结构化方式进行投资的；第二，风险投资家拥有股权式金融工具，本质是风险投资家分担创业者的商业风险；第三，风险投资家通常投资于尚未盈利、尚未生产和销售产品，甚至还没有开发出产品的小公司。如果从硅谷找出一些具体的企业，并分析它们之间的共同点，那么它们之间最大的共同点往往是在成长过程中获得过风险投资的支持。

在针对硅谷170多家科技公司的调查中，Chong－Moon等（2000）发现，风险投资者对企业发展的影响极大，他们会尽力帮助企业成功，甚至是以更换公司创始人使得其不担任公司CEO为代价。风险投资者实际投资的是企业，而不是创业者。在这170多家公司样本中，有超过半数的企业（平均成立时间约为6年）在获得风险资本后的一段时间，创业者已经不再担任公司CEO职务。最大的原因在于，风险投资者不仅仅为创业者提供公司发展所需的资金，为了保证其投资获得巨大的商业回报，他们还必须介入公司运营管理，与公司之间形成一种微妙的关系，并逐步拥有一定的控制权，甚至很多专业风险投资家在对企业进行几轮投资后，就会为公司开始物色新的CEO。

创业者在成立一家公司后，需要风险投资，但同时可能会因为引入风险投资而最终失去自己创办的企业，这对个人来说无疑是极为残酷而且矛盾的选择，但是对市场来说，却是最优的结果。创业者成立公司，引入风险资本使得公司逐步成长发展，创业者和投资者均获得相应的回报，但是随着公司的发展，原先的创业者可能已经无法很好地继续驾驭公司的发展，因此，需要选择更优秀、更适合的人担任公司CEO。由此，风险资本的引入帮助硅谷许多公司慢慢发展壮大，并逐步成为具有影响力的公司。

硅谷成功的第四大要素在于健全的科技成果转化机制。硅谷每年的科技发明成果有近万项，实现转化的比例高达80%以上（牛冲槐、江海洋，2008）。硅谷拥有良好的动力转换机制和价值实现能力，即将个人的或微观的创新转化为经济发展的支撑力，并通过技术和研发实现财富的快速增长，这是硅谷能够培育出像苹果、谷歌这类高利润企业的基础。比如，完善的知识产权保护机制真正形成了一种创新的激励，使得硅谷地区的企业和个人有极大的积极性进行创新（付信明等，2009）。

硅谷成功的第五大要素在于创新文化。硅谷早期的创业没有受传统工业发展的束缚，勇于突破传统的观念和体制，总体呈现出几大特点，包括鼓励冒险、善待失败、平等竞争、乐于合作、以人为本、宽容跳槽等，这些特点为硅谷铸就了良好的创新发展软环境（濮春华、史占中，2005）。可以说，一方面硅谷的创新文化形成了一种良好的生态，连绵不断的技术创新使高科技产业在硅谷生根、簇集和成长；而另一方面，高科技产业的不断发展反过来使得创新的氛围逐年激增（高浏琛，2004）。

硅谷成功的第六大要素在于制度环境。为了比较中国企业和硅谷企业在面临制度支持方面的差距，贝达药业董事长丁列明在一次论坛上指出中国医药企业的市场准入，包括政府采购、政策配套等明显落后于硅谷：美国 2013 年发明了一种丙肝类药，2014 年全国销量 100 多亿美元，2015 年就超过 200 亿美元；相比之下，我国科技医药企业贝达药业，经过 10 年努力，2011 年终于研制出我国的第一个用于治疗肺癌的小分子靶向抗癌药，截至 2015 年，有 8 万多晚期肺癌病人用上了这款药，但是贝达的销售额仅是美国上述丙肝类药物的零头（姚冬琴，2015）。

还有研究直接认为，硅谷的成功在于许多要素的叠加，从而形成了一个巨大的区域创新网络。比如王核成、宁熙（2000）指出，硅谷的创新网络包括三大要素，即面向市场经济的科技要素资源、不断衍生和壮大的新型企业、新的政策和管理办法，在这个创新网络中，不同经济主体实现了技术、信息、资产、人才流动等具体形式的交互关系，各主体的积极性推进了技术扩散和创新实现，而新的政策或管理办法将经济主体的积极性充分调动起来。盖文启、王缉慈（1999）指出，硅谷的区域创新网络系统存在分散化（非中心化）、本地化和开放性三个显著特征：分散化使得不同单位机构之间、不同人员之间、工作与生活之间的边界模糊，而公司内部之间也是多孔状的，企业通过内部分散化与本地网络融为一体；本地化是各国技术公司在硅谷建立更多的研发实验室和生产基地，技术知识在本地扩散能力不断加强，促进了技术共享文化以及共同语言、共同理念等，进而加快信息传播；开放性是企业的技术、市场、要素高度依赖外界，企业既服务于全球市场，又与远距离的客商、供应商和竞争对手合作，特别是技术企业更是高度面向国际化的。

虽然中关村一直在学习硅谷，在技术传递的梯度上，存在着“硅谷—中关村”的关系，但是中关村与硅谷的差距还是非常明显的。从区域整体的产出水平和经济效益看，中关村与硅谷存在几个方面的差距：从产业规模来看，中关村2016年的增加值是6254.1亿元，是硅谷增加值的31%。从劳动生产率看，中关村人均增加值为25.2万元，是硅谷的20%。从高端人才集聚看，中关村大专及以上人才占74.3%，与美国硅谷相当，但是研究性人才占比较低，比美国硅谷低10个百分点（王建国，2019）。从区域的创新水平看，中关村万人专利授权是146.3件，是硅谷的23%（王建国，2019）。2011—2014年，硅谷的发明专利授权数整体是中关村的1.3倍。在企业创新实力方面，中关村与硅谷企业也存在较大差距，在“2016全球百强创新机构”榜单中，硅谷12家企业入选，中关村没有一家企业入围，2016年，硅谷英特尔、高通等5家重点企业的专利授权量都接近3000件，其他年份前5家重点企业的专利授权量基本能达到1000件以上，而中关村只有2015年京东方专利授权量接近1000件，其他达到百件以上的企业也仅有7家（赵方忠、李焱，2017）。原因之一在于中关村与硅谷的创新路径之间存在如下的较大差异：

（1）在创新系统的演化路径上，硅谷兴起是一种自下而上或自发形成的演化路径，在这个路径中，市场导向作用更明显。而中关村是一种自上而下的发展路径，是在一种经济体制向另一种经济体制过渡中逐步形成的，各种路径选择与体制改革交织在一起，具有较强的复杂性（李振国，2010）。

（2）在创新主体的自主性及独立性方面，中关村与硅谷也存在差距。在区域发展早期，硅谷的大学、企业、个体都拥有较大的自主性和独立性，比如硅谷大学和教授可以自行决定创业和投资，不受体制机制的限制。相比而言，中关村萌芽时期的发展计划经济色彩深厚，在那个时代，我国的高校、科技机构甚至企业都处于计划经济管理之下，不仅受生产力的束缚，观念和意识也受到很大的束缚，机构和个体的自主性和独立性很弱，这也直接影响了中关村后来发展的演化路径（李振国，2010）。

（3）产学研协同创新中高校的参与度，即高校或科研机构与产业界的互动。硅谷的斯坦福大学虽然没有校办企业，但是斯坦福的学生、教授创办的企业超过

1000 家（周英豪，2010）。在 2000 年以前，斯坦福大学师生和校友创办企业的产值占到整个硅谷的 50%—60%（Chong - Moon 等，2000）。中关村虽然高校多，集聚包括清华大学、北京大学在内的高校 70 所以上，每年有数千项科技成果面向全国进行转化，但是中关村高校科技人员自主创业的少之又少，科技人员的积极性没有充分调动起来，这方面与硅谷存在很大差距。中关村的高校、研究机构和产业之间各种条块分割没有打破，产学研互动关系远远没有形成。科技与市场脱节，许多科技成果离真正的市场化应用还有一定的距离，科技资源市场化配置效应不高，包括人才、技术、资本的市场发育程度不高，没有形成有效的科技资源配置机制（张克俊，2005）。总之，中关村高校与企业之间因为制度等原因存在分割，在中关村创新发展过程中，高校和科研机构应有的作用没有充分发挥出来。

（4）创新生态的完备性与自我维持能力。蔡义茹等（2018）利用构建数据指标的方式，比较了中关村创新生态系统与硅谷的差距，发现中关村的创新生态系统不如硅谷成熟，主要体现在新建企业数量和专利授权数方面，不过，中关村的创新生态自我维持性较高，具有良好的发展态势。

（5）创新网络与产业共享。聂鲲（2018）也指出，中关村人力资本、产业集群、产业共享（“三位一体”）三者之间相互依存、不可分割，形成有机整体，形成良好互动，推动中关村产业不断转型升级，这与硅谷相比有许多相似点，但是与硅谷仍然存在一定的差距，硅谷丰厚完善的产业共享，集聚了世界高端、多元化人才，同时促使硅谷产业集群内各企业、大学、科研机构、中介机构、政府等利益相关者有机结合和优势互补，在交流互动、紧密合作中形成纵横交错的创新网络，从而源源不断地激发创意与创新。

虽然有不少学者对中关村与硅谷进行了比较研究，但是很少有研究注意到了在我国制度和环境背景下，中关村“一区十六园”在空间上相互割裂的特殊性，因此，极少研究直接将中关村核心区作为研究对象，并与硅谷进行比较。硅谷不是一个行政区划上的概念，而是一个经济集聚区的概念，是美国加利福尼亚州科技创新和高科技企业最集中、最密集的区域，其地理边界是动态的，也就是随着经济集聚区的变化硅谷的空间边界也发生变化。相比之下，中关村核心区是中关村的核心区域，是中关村高科技企业最密集的区域，与其他“一区十六园”虽然同属中关村，但因为行政区域原因，发展具有一定的独立性，与其他园区的差异也非常明显。鉴于此原因，本书将重点研究中关村核心区的创新发展评价，并且与硅谷进行比较，我们的研究相比于整体研究中关村而言，能够刨除中关村“一区十六园”内部差异和内部不平衡性的影响。同时，由于我们所研究的地域范围属于海淀区，因此，对海淀如何建设全国科技创新中心核心区、集焦中关村科学城建设，具有较强的政策指导意义。

第二章　中关村核心区发展概况[①]

中关村国家自主创新示范区核心区（本书“海淀园”“中关村核心区”“核心区”为其简称）地处海淀，土地面积174.06平方千米，占海淀土地面积40.39%。2018年底，中关村核心区聚集国家级高新技术企业10448家，是我国高新技术企业最密集、高素质人才最集中的地区之一，同时也是海淀科技资源和创新要素的主要集聚区，无疑也是海淀高科技产业发展的核心载体。

伴随全球化与区域一体化的发展，创新进入了全球化时代，全球创新正在发生快速变化。而中关村核心区发展和变化也非常迅速。在对中关村核心区创新发展进行研究与评价之前，本书将利用最新数据对中关村核心区或其所在的海淀进行描述，以揭示中关村核心区或其所在区域海淀的整体状况。当然，中关村核心区隶属于海淀行政区，我们所做的研究都是为了更好地服务中关村核心区和海淀的发展以及中关村科学城的建设。需要提前说明的是，鉴于数据可得性的原因，本章我们将主要采用海淀区的数据，并进行区域的比较。鉴于区域特点，并结合目前中关村科学城发展趋势，本书将中关村核心区、海淀以及中关村科学城在地域范围上的关系展示如图2－1所示。

从图2－1不难看出，在区域面积大小关系上，存在如下关系：中关村核心区<海淀区<中关村科学城。由于中关村科学城是近几年新提出的概念，在实施和具体效果方面还有待进一步的衡量，并且其范围主要集中在海淀全域，因此，

① 本章数据主要来自《北京海淀统计年鉴》，部分数据来自海淀区委全会报告、海淀区发展改革委或海淀园发布的相关文件资料。

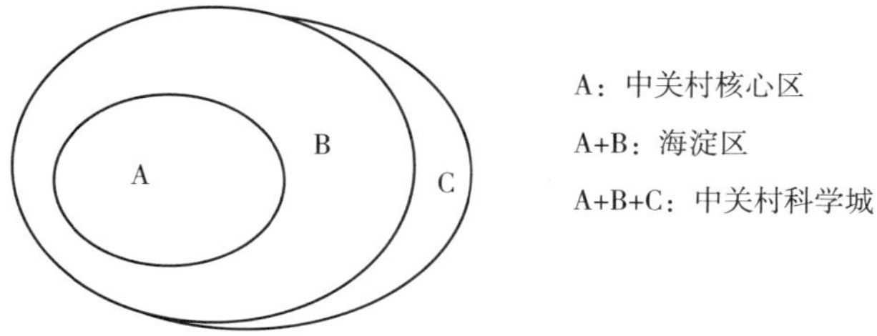

图 2－1　中关村科学城、中关村核心区、海淀地域关系图

本书在数据资料的收集上，区域范围主要集中在海淀区和中关村核心区。海淀区土地面积 430.8 平方千米，中关村核心区区域范围 174.06 平方千米，看似前者范围比后者大很多，但是在经济范围上，两者较为接近，特别是科技企业发展方面的相关指标。其原因在于，海淀区不仅有许多科技园区，也有高校、科研机构、各级军部、部队大院，同时，除了城市，还有农村、城乡接合部等各种城市形态相融合，由于历史和制度的原因，海淀区把适用于发展科技园区的区域划入中关村科技园海淀园，把部分区域调出中关村科技园，并将指标调剂给中关村科技园海淀园以外的其他分园，这导致了海淀区与中关村科技园在地域上的分离。但是从经济发展和创新创业来说，中关村核心区无疑在海淀区处于核心地位，研究中关村核心区的科技创新发展，与研究海淀区或中关村科学城的科技创新发展基本没有太大差别，而且也不妨碍最终的研究目标，即都是更好地服务其行政主体所在地的海淀区的创新发展，提升中关村科学城建设水平。

第一节　经济总量与经济效率

从经济总量上看，海淀区 2018 年 GDP 总量为 6479.5 亿元，占北京市的 21.37%；GDP 同比增速为 7.7%，高出北京市 6.6% 的水平 1.1 个百分点。海淀区 2018 年人口 369.4 万人，占北京市的 17.05%。

对于经济产出效率，从人均产出看，海淀区2018年人均GDP为17.5万元/人，是北京市水平的1.25倍（北京市人均GDP为14万元/人）；从地区产出看，海淀区2018年地均GDP为15.0亿元/平方千米，而北京市平均仅为1.8亿元/平方千米，海淀区是北京市平均水平的8.33倍。由此看来，海淀区整体经济产出效率明显高于北京市平均水平，是北京市经济密度较高的区域。

另外，与全国GDP排名前十的城市比较，不难发现，2018年海淀区经济增速较快，人均GDP产出仅次于深圳，超过北京、上海、广州等一线城市平均水平，与苏州相当；在地均GDP产出方面，海淀区均超过表2-1中全国GDP排名前十的城市。由此可见，海淀是经济密集和经济产出效率在国内相对较高的区域。

表2-1 2018年海淀区与全国主要城市部分经济指标对比

GDP排名	城市	GDP（亿元）	GDP增速	人口（万人）	人均GDP（万元/人）	面积（平方千米）	地均GDP（亿元/平方千米）
1	上海	32679	6.6	2418	13.5	5800	5.6
2	北京	30320	6.6	2171	14	16410	1.8
3	深圳	24691	7.5	1253	19.7	1997	12.4
4	广州	23000	6.5	1450	15.9	7263	3.2
5	重庆	20363	6	3372	6	82300	0.2
6	天津	18809	3.6	1557	12.1	11000	1.7
7	苏州	18597	7	1068	17.4	8488	2.2
8	成都	15342	8	1605	9.6	11939	1.3
9	武汉	14847	8	1112	13.4	8406	1.8
10	杭州	13500	7	949	14.2	16596	0.8
—	海淀	6479.5	7.7	369.4	17.5	430.8	15.0

资料来源：《北京统计年鉴》（2019）、《北京海淀统计年鉴》（2019）。

第二节 经济结构

从经济结构看，海淀区已经发展成为以服务业为主的产业结构，2010 年以来的第三产业增加值占比均超过 85%。2018 年一、二、三产业占比依次为 0.02%、10.12%、89.86%，也即服务业占全区经济产业的比重高达 90%（见表 2－2）。另外，从全市来看，北京市 2018 年全市第三产业增加值 24553.6 亿元，海淀区第三产业占北京市的比重高达 23.71%。

表 2－2 海淀区三次产业结构

年份	2010	2013	2014	2015	2016	2017	2018
GDP（亿元）	2771.6	3835.2	4290.0	4613.5	5395.2	5942.8	6479.5
一产增加值（亿元）	1.4	2.1	2.0	1.8	1.8	1.5	1.6
二产增加值（亿元）	399.0	505.6	574.4	565.9	601.1	629.7	655.6
三产增加值（亿元）	2371.2	3327.5	3713.7	4045.7	4792.3	5311.6	5822.3
一产占比（%）	0.05	0.05	0.05	0.04	0.03	0.03	0.02
二产占比（%）	14.40	13.18	13.39	12.27	11.14	10.60	10.12
三产占比（%）	85.55	86.76	86.57	87.69	88.83	89.38	89.86

资料来源：历年《北京海淀统计年鉴》。

从第三产业内部结构来看（见表 2－3），2017—2018 年海淀区服务业占比最高的是信息传输、软件和信息技术服务业，2018 年行业增加值达到 2124.7 亿元，占第三产业的比重达到 36.49%，已经超过 1/3；其次是科学研究和技术服务业，2018 年增加值达到 1050.2 亿元，占第三产业的比重达到 18.04%。上述两个行业地区生产总值超过千亿元级别，与海淀区高新技术产业发展和高科技企业集聚特点密切相关，两个行业地区生产总值合计占海淀区第三产业的比重超过五成。第三产业占比较高的还包括金融业和教育行业，两个行业占比合计超过 20%。

总之，海淀区第三产业生产性服务业发展超过半数，其中科技服务业发展特色明显，突显了海淀区产业发展以信息技术和科技行业发展为引领的重要特点。

表 2 – 3　海淀区第三产业构成（2017—2018 年）

行业	2017 年地区生产总值（亿元）	2018 年地区生产总值（亿元）	2018 年占比（%）
第三产业	5311. 6	5822. 3	—
批发和零售业	296. 4	298. 8	5. 13
交通运输、仓储和邮政业	49. 9	52. 3	0. 90
住宿和餐饮业	73. 2	77. 7	1. 33
信息传输、软件和信息技术服务业	1776. 3	2124. 7	36. 49
金融业	560. 1	611. 3	10. 50
房地产业	256. 4	239. 2	4. 11
租赁与商务服务业	194. 4	201. 1	3. 45
科学研究和技术服务业	977. 9	1050. 2	18. 04
水利、环境和公共设施管理业	51. 3	51. 8	0. 89
居民服务、修理和其他服务业	28. 6	29. 6	0. 51
教育	569. 6	595. 9	10. 23
卫生和社会工作	128. 0	130. 7	2. 24
文化、体育和娱乐业	249. 5	256. 0	4. 40
公共管理、社会保障和社会组织	98. 3	101. 6	1. 75

资料来源：《北京海淀统计年鉴》（2018、2019）。

同时，新经济新业态不断涌现，2018 年全北京新经济增加值占地区生产总值的 1/3，海淀区占比应当要更高。新动能不断积聚，人工智能与实体经济融合发展，2018 年北京市人工智能产业规模达到 1500 亿元，主要集中在海淀区。海淀区聚集了百度、商汤等全球知名人工智能企业，总数达 270 家，占全市的六成、全国的 21%。从领域分布看，涵盖了人工智能、智能硬件、大数据、云计算、医疗健康、互联网金融等多个新兴领域，形成遍地开花的格局，呈现互联网大数据和传统产业、前沿技术和新商业模式、高端制造业和服务业等融合发展新态势。

第三节　高端创新要素供给

一是创新研发核心主体资源方面。截至2018年，拥有北京大学、清华大学等33所驻区高等院校，在校大学生人数占北京市的一半以上，每年毕业大学生近20万人；拥有中科院等99家驻区国家级科研机构；拥有国家重点实验室、国家工程技术研究中心等机构244个，占全国的1/8；总部型分支机构或研发中心的世界500强企业超过40家；注册资本在100万元以上的外资研发机构350多家，其技术交易额占北京市的60%。

二是创新人才资源方面。截至2019年上半年，工作和居住在海淀区内的两院院士有605名，占全市的78%、占全国的36%。全区累计入选中央“千人计划”1147人、北京市“海聚工程”349人、中关村“高聚工程”248人，在全市各区位列第一。留学归国创业人员数量占全国1/4左右。

三是创新服务资源方面。市级以上公共服务平台33个，占全市35%，区级公共资源平台26个，众创空间101家，各类孵化器95家，大学科技园21家。形成了“两街一镇”（中关村创业大街、中关村智造大街、中关村创客小镇）为特色的孵化器。比如，中关村创客小镇是目前国内单体最大职住一体的孵化器。

四是科技金融资源方面。全区各类金融机构及分支机构2800余家，股权投资机构累计1194家，披露管理资本量累计4202亿元。天使投资、创业投资活跃，是全国乃至全球创业投资都极富活力的区域，形成46支、规模600亿元海淀创新基金系，多维度为科技创新和高端产业发展提供资本服务。

第四节　区域创新创业活跃程度

从高科技企业发展看，海淀区2018年高新技术企业超过1.2万家，国家级高新技术企业10448家，平均每天诞生50家科技企业，2018年新增注册科技型企业1.8万家，人工智能、集成电路设计、云计算、大数据等前沿领域企业快速成长，是创新驱动发展引领和新经济发展示范之地。规模以上高新技术企业总收入2.3万亿元，其中上市（含挂牌）企业达到1020家。

从创新投入与产出看，海淀区内驻有央企总部53家，占全市的29%。研发投入强度为9.8%，是全国的4.6倍，高于韩国、日本等发达国家强度；各类创新主体参与制定国际标准138项、国家标准747项；全区发明专利授权量2.23万件，占全市的47.5%；2018年中关村核心区从业人员的万人专利拥有量335件/万人。[①] 2018年PCT专利申请量2793件，全市仅为6525件，海淀区占全市的42.80%。2018年全区专利申请量与授权量分别为6.8万件和3.7万件，分别比上年增长2.2%和5.3%；全年签订技术合同5.2万个，技术合同成交总额1620.0亿元，增长6.3%。但是，从PCT国际专利申请数看，深圳2018年PCT专利申请数超过1.8万件，而全北京2018年PCT专利申请数仅为6525件（其中海淀区为2793件），虽然在经济总量上，北京领先于深圳，但是在PCT国际专利申请活跃度上，北京或海淀区均远远落后于深圳地区。可见，海淀区企业在PCT专利申请活跃度上仍然较弱，不利于创新企业参与国际竞争。

独角兽[②]企业是体现一个区域经济活力的重要指标之一，近年来几乎成为海淀区创新创业发展的金名片。从独角兽企业数量看，2017年海淀区独角兽企业33家，2018年上升到40家，与此同时，北京2017年和2018年的独角兽企业总数分别为70家和83家，海淀区占北京全市近一半的比例。再与全国比较看，全国2017年和2018年独角兽企业总数分别为164家和186家，海淀区约占全国的1/5。由此可看出，海淀区创新的活跃度较高，营商环境较好，拥有实力的企业

① 海淀区科技专利授权数数据由中关村科技园区海淀园管理委员会提供，2019年《北京海淀统计年鉴》显示，2018年海淀全区科技专利授权数42768件，全区常住人口335.8万，全区城市单位在岗职工1936928人，中关村核心区从业人员1275410人。因此，涉及万人专利数的折算分为三种：按总人口计算，万人专利数为127.36件/万人；按全区城市单位在岗职工计算，万人专利数为220.80件/万人；按中关村核心区从业人员计算，万人专利数为335.32件/万人。

② 独角兽企业是指成立时间在10年以内，尚未上市，但市场估值已经超过10亿美元的企业。

能够迅速成长壮大。

另外，海淀区驻区单位获2018年度国家自然科学奖11项、国家技术发明奖18项和国家科技进步奖22项，总数合计占全国的26%（2017年为19%），获2017年度北京市科技奖总数占全市的46%，为开展原始创新、集成创新、协同创新资源加速转化提供了发展新动力。

表2-4 海淀高科技企业发展情况及与京沪深的对比

	海淀区	北京	上海	深圳
2018年GDP（亿元）	6479.5	30319	32679	24691
2018年高新技术企业（家）	12000+	24600	9200	14400
2017年独角兽企业（家）	33	70	36	14
2018年独角兽企业（家）	40	83	38	15
2016年专利授权（万件）	3.5	10.15	6.4	7.5
2018年PCT专利申请数	2793	6525	—	18089

资料来源：作者收集整理。

第五节 创新创业服务政策

中关村核心区科技创新产业发展的政策体系完整。从纵向发展看，2009年以来，特别是随着中关村“1+6”“新四条”和建设全国科技金融创新中心等国家层面系列先行先试政策的落地，以及市区两级支持高端创新要素聚集、优化创新创业环境等鼓励政策的配套跟进，中关村核心区支持创新的政策环境逐步优化。中关村核心区企业除了能够享受中关村作为国家自主创新示范区相关政策外，海淀区依托海淀园还出台了许多支持创新创业的区域产业政策。有凸显海淀特色的“1+4+1”创新创业政策、“创新发展16条”等一系列系统化、整体性支持创新创业政策体系，2018年率先落地创业会客厅“码上办”，203项创业服务产品打造全方位全流程全链条服务体系。同时，还有致力于推进高精尖产业结构发展、优化营商环境的行业政策，如近几年陆续出台的“人工智能 15 条”、“智能网联汽车 15 条”、高精尖产业空间资源利用“1 +3”等。此外，还依托以领军企业和高校院所为核心的双创生态圈，打造“双创”升级版并获得国务院通报表扬。

专栏：

海淀“创新发展16条”①

2018 年 1 月 22 日，海淀区发布了《关于进一步加快推进中关村科学城建设的若干措施》，包括“跃升计划”等九大计划和“城市空间更新”等七大行动，合称“创新发展16条”，旨在打通创新发展的“痛点”和“堵点”，这是中关村科学城概念提出以来，海淀区新出台的支持创新的系统化政策，获得国内的广泛关注。该政策的具体内容包括：

目标

至 2020 年，实现以下主要目标：

——原始创新能力显著增强

——高精尖产业结构更加巩固

——创新生态体系更加完善

——新型城市形态初步形成

——创新效率能级大幅提升

措施

在深入落实海淀区加快核心区自主创新和战略性新兴产业发展政策体系（简称“1 +4 +1”政策体系）的基础上，实施十六项重点措施，包括九大计

① 北京海淀文明网：《北京海淀：出台创新发展 16 条》，http：//bj. wenming. cn/hd/hdwmbb/201801/t20180123_ 4567364. shtml，2018 -01 -23。

划和七大行动：

九大计划

一、原始创新能力跃升计划

落地建设2—3家国家实验室。实施研发投入倍增计划。设立概念验证资助计划。

二、新型研发平台领航计划

每年安排2亿元专项资金，加速基础研究成果向技术和产品、服务转化。

三、创新型企业“3×100”计划

每年安排8亿元专项资金，聚焦支持领军企业和潜力型企业培育。实施“领军企业100”计划，“隐形冠军100”计划，“种子企业100”计划。

四、高精尖产业引领计划

每年安排5亿元专项资金，多渠道支持高精尖产业发展。

五、“创新合伙人”计划

每年安排2亿元专项资金，聚焦科学家、企业家、投资家、科技经纪人、科技战略专家、法律财务管理专家等重点群体，培养一批具有高度黏性、扎根中关村科学城创新创业的“创新合伙人”。建立人才举荐制度，设立“青年科学家大奖”和“创业雏鹰大奖”。

六、科技金融融合创新计划

三年时间形成1000亿元规模的“海淀创新基金系”。探索实施“龙门计划”，加速推动一批科技型企业上市。

七、创业服务提质计划

建立创业孵化器、加速器、众创空间分类分级评估机制。设立双创母基金。

八、知识产权强基计划

实施知识产权优势企业培育计划，加快建设中关村知识产权保护中心。

九、标准创新领跑计划

形成一批具有主导权的国际标准。

七大行动

一、城市空间更新行动

设立总规模100亿元的城市空间更新基金，加快推进中关村大街改造升级。加强高品质友好交流公共空间建设，为创新创业者提供更多创新交流场所。

二、城市功能提升行动

以构建新型城市形态为导向，实施生态、城市功能“双织补”。

三、科技城市建设行动

加强人脸识别、高精度传感器、生物芯片等技术在灾害预测、安全防护等领域的应用。试点建设以领军企业、著名科学家等命名的主题科技公园。

四、科技政府塑造行动

率先应用中关村企业新技术、新产品，构建服务型科技政府。设立科学顾问、产业顾问制度，聘请全球顶尖科学家担任区政府科学顾问。

五、科技公民培育行动

设立科技节日，深化“少年科学院”建设，建设STEAM教育基地。

六、全球联动创新行动

每年统筹2亿元专项资金，深化离岸创新、跨境创新。推进中关村大街国际人才社区建设，建设“类海外”的工作生活环境。

七、创新服务“码上办”行动

建立创新服务需求统一受理的互联网和移动互联网平台，发布创新服务二维码，统筹全区创新服务职能。

第三章　中关村科学城的产生背景与规划

中关村科学城是北京市“三城一区”之首，是北京建设全国科技创新中心的主平台之一。2017 年 1 月起，中关村科学城扩大到海淀全域，从此，海淀掀起了建设中关村科学城的浪潮，在当前及今后较长一段时间内，中关村科学城建设将是海淀经济社会发展的主基调。

第一节　中关村科学城的产生背景

中关村科学城是顺应我国创新型国家建设以及北京建设全国科技创新中心的新目标定位而产生的。党的十八大以来，从国家层面到区域层面，创新发展目标方位更加明确，因此也催生出了中关村科学城发展新目标和定位。

一、国家层面——创新型国家建设

党的十九大报告对我国发展阶段和社会生产力及生产关系的矛盾做出了新的判断，指出我国经济已由高速增长阶段转向高质量发展阶段，并且中国特色社会主义进入新时代，我国社会主要矛盾已经转化为人民日益增长的美好生活需要和不平衡不充分的发展之间的矛盾。发展阶段的变化和社会主要矛盾的改变意味着我们需要推动经济发展质量变革、效率变革、动力变革，提高全要素生产率，加快供给侧结构性改革，让生产成果更好满足人民日益增长的美好生活需要。

改变经济增长方式的最好路径在于，通过营造良好助力于创新发展的大环境，改变以往依靠要素驱动增长的方式转向依靠创新来驱动发展的方式，全面提升全要素生产率。因此，党的十九大报告提出要加快建设创新型国家，指出：创新是引领发展的第一动力，是建设现代化经济体系的战略支撑。要瞄准世界科技前沿，强化基础研究，实现前瞻性基础研究、引领性原创成果重大突破。加强应用基础研究，拓展实施国家重大科技项目，突出关键共性技术、前沿引领技术、现代工程技术、颠覆性技术创新，为建设科技强国、质量强国、航天强国、网络强国、交通强国、数字中国、智慧社会提供有力支撑。加强国家创新体系建设，强化战略科技力量。深化科技体制改革，建立以企业为主体、市场为导向、产学研深度融合的技术创新体系，加强对中小企业创新的支持，促进科技成果转化。倡导创新文化，强化知识产权创造、保护、运用。培养造就一大批具有国际水平的战略科技人才、科技领军人才、青年科技人才和高水平创新团队。

总体来看，党的十九大报告明确了我国建设创新型国家的新方位，那么，国家新方位的变化需要依靠地方来推动实现，尤其是北京、上海、深圳等科技创新水平比较高的城市。这也导致中央对北京市赋予了更高的期望，最明显的就是北京“四个中心”城市功能定位中科技创新中心的城市功能定位。

二、北京市层面——具有全球影响力的全国科技创新中心建设、科技创新中心

北京建设全国科技创新中心实际上已经推进了近十年，起始于2009年3月，国务院《关于同意支持中关村科技园区建设国家自主创新示范区的批复》提出，将中关村科技园区建设成为具有全球影响力的科技创新中心。至今，可以说北京市建设具有全球影响力的全国科技创新中心的初心一直没有改变（具体参见表3－1）。

表 3-1　北京建设全国科技创新中心历程

时间	政策/事件	主要内容
2009.3	国务院《关于同意支持中关村科技园区建设国家自主创新示范区的批复》	要求将中关村科技园区建设成为具有全球影响力的科技创新中心
2011.3	《中华人民共和国国民经济社会发展第十二个五年规划纲要》	把北京中关村逐步建设成具有全球影响力的科技创新中心
2013.9.30	十八届中共中央政治局到中关村集体学习	习近平总书记提出中关村要加快向具有全球影响力的科技创新中心进军
2014.2.26	习近平总书记视察北京	习近平总书记发表重要讲话，明确首都“四个中心”城市战略定位
2016.5.20	国务院《国家创新驱动发展战略纲要》	进一步提出“推动北京、上海等优势地区建设成为具有全球影响力的科技创新中心”
2016.5.30	全国科技创新大会	习近平总书记在全国科技创新大会上明确了我国科技“三步走”目标，吹响了建设世界科技强国的号角
2017.2.24	习近平总书记视察北京	习近平总书记强调要以建设具有全球影响力的科技创新中心为引领，集中力量加快“三城一区”建设，深化科技体制机制改革，努力打造北京发展新高地
2017.9	中共中央、国务院批复《北京城市总体规划（2016—2035年）》	北京城市战略定位是全国政治中心、文化中心、国际交往中心、科技创新中心

资料来源：作者整理。

2014年2月26日，习近平总书记视察北京，对北京做出了全国政治中心、文化中心、国际交往中心、科技创新中心的“四个中心”城市功能定位，明确了科技创新中心是北京城市功能定位之一。《北京城市总体规划（2016—2035年）》对海淀区的定位提出了五方面要求，即建设具有全球影响力的全国科技创新中心核心区，服务保障中央政务功能的重要地区，历史文化传承发展典范区，生态宜居和谐文明示范区，高水平新型城镇化发展路径的实践区。科技创新中心是在国家创新型国家建设，以及北京当前人口膨胀导致“大城市”病问题突出等背景之下，结合北京市资源要素禀赋优势提出的。科技创新中心的城市功能定位要求北京转变发展思路，改变以往追求总量型的增长向高质量发展方向转变，同时，在科技创新发展方面，能够在全国起到领跑作用。根据国际领先的全球科技创新中心或创新区域如美国硅谷、纽约等发展经验来看，创新区域的发展与区域内的高校和科研机构密切相关，而北京在高校和科研机构数量及质量方面在全国无疑处于名列前茅的地位，那么在基础性的、原始性的、国际前沿性的创新方面，北京无疑需要承担更大的使命，而且发展前景良好，优势明显。因此，科技创新中心的城市功能定位的聚焦有助于北京全国科技创新中心的建设，北京要集中精力推进创新，争取在我国创新型国家建设方面发挥更大作用，形成北京发展新高地。

北京最大的优势在于科技和人才，但是要建设具有全球影响力的全国科技创新中心，需要抓手，具体从哪些方面入手？2017 年 2 月 23—24 日习近平总书记视察北京时明确要求，北京最大的优势在科技和人才，要以建设具有全球影响力的科技创新中心为引领，抓好中关村科学城、怀柔科学城、未来科学城、北京经济技术开发区这“三城一区”建设，深化科技体制改革，努力打造成北京经济发展新高地。2016 年 9 月 11 日，国务院发布《北京加强全国科技创新中心建设总体方案》（国发〔2016〕52 号），提出北京全国科技创新中心建设的“三步走”方针：第一步，到 2017 年，科技创新动力、活力和能力明显增强，科技创新质量实现新跨越，开放创新、创新创业生态引领全国，北京全国科技创新中心建设初具规模。第二步，到 2020 年，北京全国科技创新中心的核心功能进一步强化，科技创新体系更加完善，科技创新能力引领全国，形成全国高端引领型产业研发集聚区、创新驱动发展示范区和京津冀协同创新共同体的核心支撑区，成为具有全球影响力的科技创新中心，支撑我国进入创新型国家行列。第三步，到 2030 年，北京全国科技创新中心的核心功能更加优化，成为全球创新网络的重要力量，成为引领世界创新的新引擎，为我国跻身创新型国家前列提供有力支撑。

由此看来，北京要建设具有全球影响力的科技创新中心，而中关村科学城、怀柔科学城、未来科学城、北京经济技术开发区这“三城一区”是主平台，这确定了北京全国科技创新中心建设的路径选择。

三、海淀区层面——中关村科学城建设

前文已经提到了国家发展新方位的变化，以及中央对北京市新的城市功能定位，明确了中关村科学城、怀柔科学城、未来科学城、北京经济技术开发区这“三城一区”是北京建设全国科技创新中心的主平台，其中中关村科学城最为关键。2018 年 1 月，蔡奇书记与海淀代表团审议政府工作报告时指出，北京的创新发展是从中关村出发的，要把中关村这面“金字招牌”擦得更亮。建设全国科技创新中心，“三城一区”是主平台，而这当中，中关村科学城历史积淀最深、内生动力最强、基础条件最好。建设具有全球影响力的科技创新中心，首先要聚焦中关村科学城，重点是聚焦功能定位、聚焦创新主体、聚焦先行先试、聚焦创新要素。要抓紧做好规划，打造科技创新走廊。要搭建更多对接合作平台，把中关村建成原始创新策源地和自主创新主阵地。中关村因改革而生，要充分发挥先行先试优势，将改革进行到底。蔡奇书记强调，海淀区作为全国科技创新中心的核心区，一直以来都是全市创新发展的标杆，要以更大的担当精神，继续当好科技创新的排头兵，坚持把创新作为引领发展的第一动力，以新面貌迎接新时代，以新作为展示新气象。

由此看来，海淀区推进中关村科学城建设也是顺应北京市全国科技创新中心建设要求的。为了显示其中的逻辑关系，我们绘制了如图 3－1 所示的关系图。

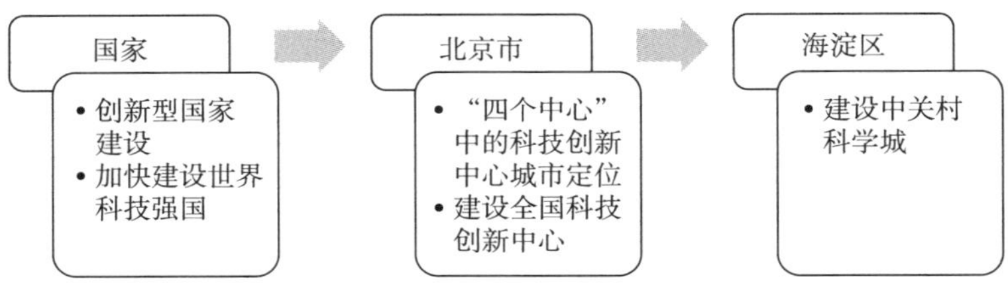

图 3－1　中关村科学城建设背景

第二节　中关村科学城功能定位与建设目标

北京市明确“三城一区”主平台之后，相关部门也紧锣密鼓地对中关村科学城建设进行规划。中关村科学城规划面积不断调整，并于2017年拓展至海淀全域及生命科学园等昌平部分地区。中关村科学城的功能定位为“三地三区”，其中核心功能“三地”包括：科技创新出发地、原始创新策源地、自主创新主阵地。支撑功能“三区”包括：创新创业引领区，目标是汇聚世界一流创新要素，形成汇聚全球创新资源要素的创新创业生态；国际创新集聚区，目标是集聚全球顶尖科技人才，汇集跨国公司、研发总部和创新平台，成为全球创新网络的核心枢纽；绿色宜居示范区，目标是构筑城市创新形象和人文魅力，打造宜居宜业生活环境。

从建设目标看，中关村科学城建设采取“四步走”的方针：第一步，到2020年，初步建成具有全球影响力的科学城，原始创新能力明显增强，创新效益快速提升，国际化水平明显提高，宜居环境显著提升；第二步，到2025年，建成具有全球重要影响力的科学城，原始创新能力取得重大突破，创新效益大幅增长，国际化水平取得突破，宜居环境全面改善；第三步，到2035年，建成世界一流的科学城，打造成为世界一流的高校院所、科技人才、产业集群、创新生态和城市环境世界知名科学中心和创新高地；第四步，到2050年，建成引领全球科技创新的科学城，成为全球创新网络的核心节点，引领世界创新的核心引擎，打造全球最著名的科学中心和科技创新高地。

第三节　中关村科学城规划[①]

2019年11月，北京市规划和自然资源委员会批复了朝阳、海淀、丰台、石

① 资料来自海淀区分区规划。

景山、大兴、顺义、昌平等13个区的分区规划（国土空间规划）和亦庄新城规划。每个区都有一些新的规划亮点，而海淀区规划显示，将聚焦中关村科学城，打造高质量发展典范。

一、建设一批新型研发机构

紧抓关键核心技术突破。大力发展信息、生物和新材料等领域关键技术。加强人工智能、量子科学、合成生物科技等前沿领域的创新布局。推动建设一批新型研发机构和技术创新中心、产业创新中心，进一步壮大战略科技力量。

二、推动发展五类新经济

突出大信息和大健康产业主导地位。有序推动新经济健康发展。发展数字经济，推进数字技术与城市服务融合。发展智能经济，建设大数据平台和公共数据库，推动自动驾驶、机器人、无人机等应用场景的搭建。发展平台经济，鼓励传统企业向平台化转型，推进平台型企业线上线下一体化发展。发展共享经济，释放公共资源，促进公共数据资源的共享利用，实现信息资源的统一管理和开放式服务。发展创意经济，支持传统媒体企业向新媒体、融媒体的转型升级。

三、以中关村大街为轴打造科创街区

以“一纵轴”即中关村大街高端创新集聚发展轴为主脉，统筹高端创新资源。依托中关村大街高端创新集聚发展走廊，打造引领科技创新的城市街区，形成展现新型城市形态和首都创新风貌的主轴线。利用不同区段的创新资源与链条环节特征，加速实现创新链条融合。与京张铁路遗址公园共同形成发展复合轴带，沿成府路、知春路、学院路纵深联动。以“一横轴”（即北清路前沿科创发展轴）为串联，提升前沿科技创新联动能力。整合北清路前沿科创发展走廊沿线创新功能区与科创资源，优化创新体系，建设高端创新要素的联动纽带，优化永丰、翠湖发展及创新功能。

四、有序推进高校院所内外存量空间释放

打造以众创空间、孵化器为主的创新创业集聚区。推进国有低效存量产业用地有机更新，实施集体产业用地整治改造，促进产业转型升级，拓展创新空间。

第四节　以“两新两高”战略推进中关村科学城建设

明确中关村科学城建设目标后，海淀区为推进中关村科学城建设，确立了深化落实“两新两高”战略，推进中关村科学城建设。不过，“两新两高”战略内容丰富，涉及经济发展与城市建设方面，其提出也是经过海淀区委反复摸索和完善的结果。

2017 年 1 月，海淀区第十二次党代会明确“聚焦中关村科学城，加快全国科技创新中心核心区建设”奋斗目标。

2018 年 1 月，海淀区委十二届七次全会首次提出“两新”和“一高”理念，即重塑文化与科技融合发展新动力，构建创新生态体系和新型城市形态，开启新时代海淀跨越式高质量发展的新征程。

2018 年 7 月，海淀区委十二届八次全会进一步完善并明确“两新”和“两高”战略，即以挖掘文化科技融合新动力、构建新型城市形态为总抓手，推动高质量发展、打造高品质城市，加快建设具有全球影响力的全国科技创新中心核区。

2019 年 1 月 3 日，海淀区委十二届九次全会强调，要全面推动“两新两高”战略再聚焦再深化再落实，加快建设具有全球影响力的全国科技创新中心核心区。这是“两新两高”战略作为一个完整的名词首次出现在区委工作报告中。

这次的全会报告对“两新两高”战略内容也进行了完整阐述，即：坚持一张蓝图绘到底，以思维方式和行为模式的深刻变革前瞻谋划推动转型发展，进一步明确了新时代海淀的发展方位、使命担当和战略布局，确定聚焦中关村科学城、以“挖掘文化科技融合新动力、构建新型城市形态”为总抓手，推动高质量发展、打造高品质城市，建设具有全球影响力的全国科技创新中心核心区。

2019 年 7 月，海淀区委十二届十一次全会强调，切实增强深化落实“两新两高”战略的思想自觉和行动自觉。全区各单位要结合工作实际，在党的领导下最大限度发挥党委政府组织作用，找准契合点、结合点，创新方式方法，以高效组织服务推动各项工作高质量开展。

从上述过程不难看出，海淀区委十二届九次全会首次明确“两新两高”战略名词，并且具体进行了较为深入的阐述。在区委提出的“八张新答卷”内，其中有四张新答卷直接与“两新两高”战略相关，主要包括：①交出高能级科技创新新答卷，要求完善区域“创新雨林”生态体系，建设高水平新型研发平台，在关键核心技术自主可控方面彰显海淀作为，让中关村科技创新的明灯照亮创新型经济发展之路，托起城市转型发展的美好明天。②交出高质量经济发展新答卷，构建以智能化、信息化、高端化为核心的创新型经济体系；扩大重点领域有效投资；促进一二三产业融合；实现 5G 率先领跑；支持大中小企业融合发展。③交出高标准规划建设新答卷，落实分区规划和专项规划，实施一批年度重点建设项目；优化城市空间布局；加强城市设计；实施“三山五园”保护；启动中关村科学城北区第二个五年开发建设。④交出高效率城市治理新答卷，健全城市精细化管理标准和制度规范；推进疏整促专项行动；实施“城市双修”；以人工智能赋能智慧城市建设。

第四章　美国硅谷指数解析

目前，国际上已经出现了种类繁多、风格各异的科技创新指数，如美国康奈尔大学、欧洲工商管理学院和世界知识产权组织联合发布的《全球创新指数》，联合国开发计划署（UNDP）提出的《技术成就指数》，瑞士洛桑国际管理发展学院（IMD）发布的《国际竞争力年度报告》，硅谷联合投资发布的《硅谷指数》，等等。这些指数应用范围广、参考价值高，受世界各国关注。其中，美国硅谷作为全球著名的科技创新集聚区，硅谷指数更是成为全球新兴产业培育和企业投资决策的重要风向标（何健文、张金水，2017）。本章对硅谷指数内容和特点进行介绍，这不仅有助于揭示硅谷和硅谷指数的特点，同时也为中关村核心区创新发展评价指数的构建打下基础。

第一节　硅谷和硅谷指数基本情况

硅谷位于美国加州旧金山湾区南部的圣塔克拉拉山谷，20 世纪 70 年代因半导体产业兴起而得名。经过半个世纪的发展，硅谷已形成完善的创新生态系统，并持续引领全球信息技术、生物医药、新能源、新材料等多领域科技创新发展，成为全球具有重要影响力的科技创新中心，产生了众多国际一流的高科技企业，如英特尔、惠普、思科、朗讯、英伟达、苹果等著名公司。硅谷是由 39 个城市组成的地理区域（旧金山市不在其中），总面积 4802 平方千米。旧金山市与硅谷相邻，近年来其高技术产业发展迅速，与硅谷的融合度越来越高，因此 2009 年以来，硅谷指数也对旧金山市的相关数据进行了统计。硅谷和旧金山市（合称“硅谷地区”）是美国创新创业最为活跃的地区，2019 年的硅谷指数报告显示，虽然 2018 年硅谷地区土地面积和人口分别只占加州的 1.19% 和 7.8%，却贡献了加州 9.6% 的就业、10.8% 的 GDP、30.1% 的风险投资、19.0% 的天使投资、45.5% 的首次公开募股（IPO）、19.1% 的企业并购以及 46.5% 的专利。旧金山、圣玛蒂奥和圣塔克拉拉这硅谷地区三个郡的区域生产总值之和约达 3700 亿美元，人均超过 10 万美元。

硅谷指数（Silicon Valley Index）由硅谷联合投资（Joint Venture Silicon Valley）编制，“可以对一定时期或某个时间硅谷地区经济与社会发展情况进行定量分析”，是“可测量，可实现，并以结果为导向”的反映区域发展的综合评价报告（何健文、张金水，2017）。硅谷指数于 1995 年首次发布，之后在每年年初向全球发布，用于向世界展示硅谷的综合发展情况，同时，也为企业“领导和决策提供分析基础”，以及为相关专家研究硅谷地区发展情况提供重要资料，已经成为硅谷风投走向、企业发展与新兴产业培育的重要风向标（乔婧，2015；何健文、张金水，2017）。

硅谷指数的评价指标体系主要分为三级：一级评价指标主要包括人口（People）、经济（Economy）、社会（Society）、生活空间（Place）、城市治理（Governance）五个部分（本书依次称为“人口篇”“经济篇”“社会篇”“生活空间篇”“城市治理篇”）。二级评价指标包括人口结构、就业、创新、卫生健康、生态环境、交通等十余个指标。二级评价指标下又细分为 50 余个三级指标。需要注意的是，硅谷指数的评价指标体系具有较大的灵活性，除一级指标相对固定外，二级及三级评价指标有的年份会出现调整，比如 2019 年，城市治理下面新增“政府代表”二级指标，报告指出，地方政府是当地居民接触到的政府，知道其构成有助于了解硅谷政府机构的派别，并有助于了解其作为政府的政治立场。以 2019 年《硅谷指数》报告为例，硅谷指数一、二级指标具体内容如下（见表 4-1）。

表 4－1　硅谷指数指标体系构成

	硅谷指数一、二级指标内容				
一级	人口	经济	社会	生活空间	城市治理
二级	＊人口流动与多样化	＊就业 ＊收入 ＊创新创业 ＊商业空间	＊为经济腾飞做准备 ＊早期教育 ＊艺术与文化 ＊健康 ＊安全	＊居住 ＊交通 ＊土地开发 ＊环境	＊财政收入 ＊城市管理 ＊政府代表

注：二级指标中的“政府代表”为 2019 年新增。

资料来源：根据 *2019 Silicon Valley Index* 整理。

从表 4－1 已经不难看出，硅谷指数包含指标体系内容非常广，力图从各个方面展示硅谷全貌，而且在具体指数上，不仅追求指标的连贯性，还力求从学术界和研究机构没有涉及的方面入手。虽然硅谷指数报告每年都是 100 页左右的篇幅，但是经常在 1 页篇幅中会报告多个指标，或者虽然只报告一个指标但是具有多个维度，其背后所需的人力、财力等各方面的支撑也是很难想象的，没有强大的团队支撑难以完成。比如 2019 年新增政府代表二级指标，从当地政府官员的性别、种族、党派、职业背景等多个维度进行报告，并与全美国的情况进行比较。不过，我们根据 2019 年硅谷指数报告，简要报告硅谷指数指标体系构成。

以 2019 年硅谷指数为例，从结构来看，硅谷指数从人口、经济、社会、生活空间、城市治理五个部分对硅谷地区的总体情况进行介绍，报告篇幅达到 102 页，使用文字、图表并用的方式撰文，除报告正文以外，还提供了详细的数据或图表附录。因为报告内容较多，所以我们按版块就其内容设计进行解析。需要说明的是，由于国家体制、社会发展阶段和结构等因素差异，硅谷在社会、城市治理等方面的发展并不一定适合于我国中关村核心区的发展，但是其经济方面的发展的确可以为我们构建中关村核心区发展指数提供良好的思路借鉴，因此，我们对硅谷指数的收入篇的分析将更加详尽。不过具体到各级指标的设计，大体可以参见表 4－2。

表 4 –2　硅谷指数指标体系构成

一级指标	二级指标	三级指标
人口	人才流动与人才多样性	人口变化、净移民数、出生率、年龄分布、受教育程度、授予理工科学位数、外国人口出生比例、非英语人口比例
经济	就业	职位增长、年平均就业数、硅谷经济活动主要区域的就业增长率、硅谷公共部门就业率、每月失业率、就业层级分布、劳动人口失业率（按种族）
	收入	人均收入、人均收入分布（按种族）、中等家庭收入、平均工资、中位平均工资职业分布、中位平均工资层级分布、贫困与自给自足比率、收入分配范围、中位收入分布（按受教育程度）、中位收入性别分布（按性别）、免费/低价校餐比率
	创新与创业	雇员附加值、专利注册占有率、专利注册技术领域分布、风险资本投资额、风险资本投资产业分布、风险资本投资公司排名、清洁技术领域风险投资额、清洁技术领域风险投资环节分布、清洁技术领域风险投资总数、天使投资额、首次公开募股数、天使投资阶段分布、跨国公司首次公开募股国别分布、并购与收购数、非雇主企业数行业分布、无雇员企业的相对增长数
	商用空间	商业空间供给变化、商用空间空置率、商用空间租金、商用空间增长的部门分布
社会	经济腾飞基础	达到加州大学/加州州立大学入学要求毕业生比例、高中生毕业率（按种族）、高中生毕业率与辍学率、数学与理科成绩
	早期教育	幼儿园入园率
	艺术与文化	文化参与度、消费支出、非营利艺术组织、文化艺术机构
	健康水平	健康保险覆盖率、学生超重与肥胖比率
	安全状况	暴力犯罪、严重犯罪、警察数
生活空间	住房	房屋买卖趋势、房屋建筑类型、房租支付能力、保障性住房建设、住房负担（住房成本超出家庭收入 30% 的比例）、住房费用负担能力、与父母共同居住的年轻人比例
	交通	人均机动车行驶里程与汽油价格、通勤方式、地区间通勤模式
	土地使用	住宅密度、临近公共交通的房屋、非住宅用地开发
	环境	水资源、电力产量、人均耗电量、太阳能电站数
城市治理	城市财政	财政收入、财政支出
	公民参与	党派归属、投票参与程度
	政府代表	政府官员的性别、种族、党派、职业背景

第二节　硅谷指数内容简要介绍

硅谷指标每年发布，相应的数据年份大都是滞后一年或两年，比如2019年的硅谷指数报告涉及的指标数据2018年居多，少数为2017年。以下是对*2019 Silicon Valley Index*报告内容的简要梳理：

一、硅谷指数年度重点亮点指标——概览

每年的硅谷指数报告在报告开始前，都拿出一定的篇幅先介绍当年硅谷指数的重点和亮点，主要是将当年硅谷指数报告中重要的指标单独抽取出来，形成一个篇幅较小的总报告。

第一，总体来看，硅谷指数的重点指标具有高度的综合性，主要描述硅谷地区的总体情况。重点指标包括土地、人口、就业、收入、人口流动、风险投资、企业并购、收入差距、通勤时间、新能源采用等指标，这些指标涉及了硅谷指数人口、经济、社会、生活空间和城市治理情况等方面。

第二，从重点指标不难看出，硅谷指数报告的指标很多涉及创新创业和企业发展，硅谷指数虽然是综合性的指标体系，但是它侧重于创新或创新的基础性支撑条件。

第三，从年度数据的变化，硅谷指数可以为企业决策、投资提供风向标，同时，也为硅谷区域发展研究提供相关数据资料。比如硅谷人口和人口流动的变化、企业并购、风险投资和首次公开募股数量的变化等，这些数据无疑为投资家们提供了非常好的决策参考。

二、硅谷指数——人口篇

硅谷指数的人口篇在揭示人口特征的同时，更加关注人才构成及其流动性。在硅谷地区，高层次人才占比很高，人口结构与创新需求高度匹配。从硅谷指数看，硅谷指数的人口篇，除了报告人口的总数、出生率和死亡率、种族人口构成等一般性特征指标外，还加入了人口流动、出生于国外的人口、掌握外语语种人口情况、科学和工程专业毕业生等指标，这些指标都是与较高素质的人力资源相关的，因此，可以较好地描述硅谷的高端人才发展特征。当然，如人口流动性、出生于外国的人口以及人口掌握外语情况也间接显示了硅谷地区人才来源和区域开放性，显示了硅谷地区充分利用外源人才资源服务于本区域发展，充分表现了硅谷地区人才的多样性和区域发展高度的开放性。

具体从数值和发展趋势来看，2016 年，硅谷人口 305 万，而最近三年来，硅谷人口出现了负的净增长，即迁入人口少于外迁人口，2015 年 6 月至 2018 年 6 月，分别有 61977 人迁入和 64318 人迁出。在硅谷技术岗位从业人员中，26% 来自印度，14% 来自中国。2017 年亚裔人口在硅谷总人口中的占比达到 34%，首次超过白人占比。38. 2% 的硅谷人口出生于国外，52% 的人在家里会使用英语以外的语言，51. 6% 以上的人获得本科及以上学历。在硅谷最大的科技公司里，女性从业人员占比达到 28%，其中技术岗位或领导岗位的女性占比达到 19%。

三、硅谷指数——经济篇

硅谷指数的经济篇共分为四个部分，都是与硅谷经济发展密切相关的，包括就业、收入、创新创业和商业空间。这四部分主要都是涉及企业和居民的发展，关注就业、收入以及企业发展，总体上呈现以下特点：

第一，密切关注居民的就业情况。与我国一般地区经济发展及国家统计局设计的一般就业指标体系不同的是，欧美国家非常重视区域就业情况，因为这是描述城市居民工作和生活情况的重要指标，地区失业率过高时，除了居民因收入导致的消费下降，还容易引发一系列社会问题。在就业情况方面，硅谷指数报告了新增就业、总就业、失业率、月度失业率等指标，同时，还报告了行业就业情况、不同档次工作的就业增长、不同种族群体的失业率等结构性指标。可以说，硅谷的收入和就业指标能够很好地刻画硅谷居民的就业、收入和生活水平情况。2018 年硅谷新增就业岗位 3.6 万个，增长 2.2%，工作岗位总数 167 万，其中 23%的新增岗位是由高技术产业带动的。2018 年 11 月的失业率 2.3%，处于较低水平，分行业来看，2018 年高技术产业就业增长总体达到 2.2%，其中增长最快的是技术信息产品和服务、互联网和计算机设计。

第二，在居民发展方面，从多维度、多层次、多种统计方法来揭示区域居民主体的收入情况。收入是衡量一个地区经济发展实力、居民消费能力的综合型指标，同时，收入差距也是引起社会发展不平衡、不稳定的重要因素。因此，硅谷指数从多维度报告硅谷地区的居民收入情况。硅谷的人均收入水平一直保持较高水平，2017 年人均收入首次超过 10 万美元，家庭年收入中位数达到 11.8 万美元，其中，家庭年收入达到 20 万美元占比达到 26%，“百万富翁”（家庭可投资资产超过 100 万美元）的住户达到 9%。从收入增长来看，受教育程度较低的群体增长较高，经通胀调整后，2017 年其中位数水平增长了 934 美元，增长了 4%。除了一般性收入指标，硅谷指数还分组报告了高低收入群体的收入水平、不同教育背景居民的收入水平、不同技能水平居民的收入水平、不同种族居民的收入水平以及区内区外收入比较等指标。比如，本科以上男性的年工资收入达到 14.51 万美元，超过同等教育水平女性平均收入水平的 10.07 万美元。2017 年硅谷平均工资水平为 11.9 万美元，达到加州的 1.8 倍。

第三，在企业发展方面，主要关注企业创新、风险投资和企业并购等。硅谷指数报告了并购活动、专利注册数、天使投资、风险投资等，这些指标与硅谷的企业发展相关，可以说直接揭示了硅谷地区创业和创新的活跃程度。硅谷地区的创新非常快，2018 年的劳动生产率已经是 2001 年水平的 1.36 倍（经通胀处理），产生的专利数大约占到加州的一半，占到全美国的 13%。2018 年，硅谷的风险投资规模达到190亿美元，其中38%的风险投资集中于互联网公司、移动互联网技术公司、生物医药和软件公司。风险投资增长非常快，每年增长大约31%，增加大约46亿美元（经通胀处理）。2018年，硅谷有661项对象为初创公司的投资交易，其中有107项是由女性创办的公司。2018年硅谷首次公开募股数量几乎是上一年的两倍，数额增加了32亿美元，主要集中在健康与高技术产业，不过这相比私人风险投资，数额是极少的。

第四，关注其他创新创业的支撑条件。正如前面所提到的，硅谷指数虽然是综合性的指标体系，但是它侧重于创新或创新的基础性支撑条件。另一方面，空间约束是区域发展达到较高阶段，企业、人口高集聚之后将普遍面临的一般问题，最近几年，硅谷地区也逐渐面临了企业发展空间制约问题，可开发的商业空间逐步减少，房价高企、办公成本高涨等问题日益突出，过去四年硅谷新建的商业空间达到2400万平方英尺（约为223万平方米），超过过去13年（2002—2014年）新增的总和，而谷歌、苹果、脸书（Facebook）、领英（Linkedln）和亚马逊公司这些大公司至少占用了硅谷地区18%的办公和研发空间。而优步、Airbnb等初创企业规模不断扩大，同时随着可利用的商业空间也在不断减少，有一些初创企业和科技人才开始选择离开硅谷地区，到西雅图、圣地亚哥等美国其他创新创业活跃的地方寻求发展。硅谷指数也报告了非住宅开发与商业空间的供给变化、价格变化、空置率情况以及商用空间在各部门增长的分配情况。

四、硅谷指数——社会篇

硅谷指数的社会篇包括经济腾飞基础、早期教育、艺术与文化、健康水平、安全状况这五部分，其中，前两部分主要关注于居民的受教育情况，后三部分分别关注社会对居民的艺术与文化、健康和安全保障。该部分的内容呈现以下特点：

第一，在教育方面，关注居民在大学之前所受的教育情况，特别是从区域长期发展的角度来关注儿童或中青年教育情况。首先，在为经济腾飞作准备方面，硅谷指数关注高中生毕业率与辍学率、达到加州大学或加州州立大学入学要求的高中毕业生比例、高中生的数学与理科成绩，硅谷指数认为高中阶段的教育发展情况直接决定了未来硅谷地区长期的人才供给和发展，从指数的构建理念上，与我国区域发展一直强调的大学或科研机构发展有很大的不同。2018 年硅谷高中生辍学率为 8%，低于加州 2 个百分点；59% 的高中毕业生达到 UC/CSU（加州大学或加州州立大学）① 的入学门槛。其次，在早期教育方面，硅谷指数报告了幼儿园学龄儿童（3—4 岁）的入园率。硅谷指数指出，早期的教育决定了一个人未来的发展，因此，高质量的早期教育对儿童的健康发展极为重要。加之，与我国发达地区幼儿园学龄儿童几乎 100% 的入园率不同，2018 年硅谷地区仅有 62% 的幼儿园学龄儿童在公立（20%）或私立（42%）的幼儿园注册入园，而且已经高于加州的 50% 和美国 48% 的水平，这与美国学前教育费用高有关（一年近 2.1 万美元），很多家庭女性放弃就业，利用家庭教育替代了幼儿园教育。

第二，关注居民艺术与文化、健康和安全。硅谷指数在报告区域居民的艺术与文化、健康和安全方面的发展时，主要从社会供给和发展现状的角度入手。艺术与文化主要报告了文化参与度、文化消费支出，以及区域现有的非营利艺术组织、文化艺术机构。健康水平报告了健康保险覆盖率和学生超重与肥胖的比率，可以说，后者指标并不一定能很好地刻画一个地区居民的健康情况，但是硅谷关注学生群体的肥胖问题，可见儿童肥胖问题在硅谷也比较突出，困扰着人们的健康，2017 年成年肥胖率超过 58%。另外，虽然基于宗教或个人信仰方面的原因，加州不再强制儿童必须接种疫苗，但是 2017 年儿童接种疫苗比例仍然达到 97%。在安全方面，硅谷指数主要包括暴力犯罪和严重犯罪率，以及警察数量情况。硅谷地区近几年的暴力犯罪率有所下降，但 2017 年仍然有 8700 件犯罪案件发生，相对上一年增长了 10%，其中 85% 的案件为袭击或抢劫。警察数量有所上升，2018 年达到历史最高水平，有 5070 名全职或非全职警察。

① 它们是加州公立高等教育体系的三个大学系统之一，UC 是科研型大学，CSU 是教学型大学。CSU 是全美规模最大的公立大学，共有 23 个校区，分布在加州各地。

五、硅谷指数——生活空间篇

硅谷指数的生活空间篇注重居民居住、交通、环境等与城市居民主体工作和生活密切相关的问题，可以说凸显出硅谷对居民生活和发展的高度关怀，也侧面反映出生活条件对硅谷居民工作情况的影响。硅谷指数的居民生活篇主要呈现以下特点：

第一，关注居民住房情况。住房状况直接影响一个地区人口流动情况和区域发展，同时，也影响居民的生活质量。从目前我国许多城市的发展来看，过高的住房成本是导致人才流失的一大分散力，有些城市高房价对人才的挤出效应已经逐步显现出来，尤其像北京、上海等一线城市。硅谷地区尤其重视住房成本，但是仍然阻挡不了近几年住房价格飙升趋势，美国 2016 年的住房均价为 24 万美元/套，而硅谷 2016 年住房中位数均价为 88 万美元。加上近几年连续上涨，2018 年硅谷住房中位数均价已经达到 120 万美元/套，相比上一年增长了 21%。买得起住房的人比例越来越低，2018 年出售的房屋数量仅为 2014 年的一半。随着住房价格的上涨，租房成本也随之提升，中位数的租房成本每月达到 2 万美元。2017 年，硅谷全部居民中接近一半的人花掉 30% 以上的收入用于住房，24% 的租户花掉其一半以上的收入用于住房成本支出。硅谷指数设计了租房负担指标（租房支出占居民收入的比重超过 30%），2017 年租房负担超过 30% 的人口比例大约为 48%，其中旧金山约为 37%，加州约为 55%。由于住房成本的提升，2018 年硅谷 18—34 岁的成年人有 36% 仍然与父母居住，而且多家合住的比例也达到了历史最高，2017 年为 11%。同时受房价高企、租金成本上涨、办公成本高昂等因素制约，一些初创企业和科技人才开始选择离开硅谷地区，到西雅图、圣地亚哥等美国其他创新创业活跃的地方发展。除此之外，硅谷指数报告的住房租金、各区域的住房负担等在最近几年也都有所上升。

第二，详细地刻画了硅谷地区居民的交通和通勤情况。硅谷指数不是简单地报告公路里程、汽车拥有量等指标，而是详细地报告了人均汽车里程和汽油价格、人均汽车拥有量和使用量、燃油使用情况等。同时，硅谷指数特别关心居民汽车以外的交通出行方式，因此，按“走路上班比例、居家办公、拼车、公共交通、独自驾车”等指标多维度地刻画了居民通勤和工作方式。平均每天通勤时间反映了地区交通拥挤情况和居民有形和无形的通勤成本，硅谷的交通情况也是逐步恶化的，交通拥堵导致人们的通勤时间变长，2017 年人均每天上下班通勤 22 英里（约 35 公里），一年家庭必要的通勤花费平均达到 6300 美元。虽然有不少人选择骑自行车或走路上下班，但是该比例在过去的 10 年也有所下降，相比 10 年前，硅谷的通勤时间已经增长了 20%，平均每人每年增加的通勤时间达到 43 小时。2017 年，6.5% 的居民平均每天花费超过 3 个小时在上下班通勤路上，在一些拥堵的路段，居民花费的时间要超过 10 年前的 1 倍以上。除此之外，跨区县的通勤模式显示了居民跨地区就业情况，硅谷指数也对该指标进行了报告。过去 10 年，进出硅谷的通勤者数量显著增加，自 2007 年以来增加了 4%，达到 178%，这主要是因为通勤路线的增加。

第三，关注土地开发和利用。从规划的角度，土地开发与住宅密度直接影响交通、基础设施、大气环境等方面，硅谷指数在土地开发方面，主要报告了住宅密度、住宅临近公共交通的程度以及非住宅土地开发情况。从数据来看，最近几年硅谷住宅密度基本持平，保持在 20 套/英亩左右，但是新建住宅临近公共交通的比例达到 84%（1/3 英里，步行可到）。不过最近五年，硅谷的非住宅空间不断开发，总数达到 5430 万平方英尺（约 504 万平方米），超过过去 11 年的总和。在所有新批准的非住宅开发项目中，有一半是轻工业产业空间——其中大部分是弗里蒙特技术商业中心（Fremont Technology Business Center）项目。在 2018 年制定的计划中，硅谷和旧金山地区未来还将新增 116 个酒店项目（超过 18000 个房间）。

第四，关注环境发展，特别注重环保与新能源利用，注重可持续发展。在环保发展方面，硅谷指数主要报告了水资源、电力产量、人均耗电量、太阳能电站数等指标。具体涉及的数值，2018 年人均耗水量降至 110 加仑每天，人均用电量自 2012 年以来基本保持稳定。2018 年，太阳能发电装机容量达 481 兆瓦（已安装住宅系统 5.8 万套），居民电动汽车保有量超过 4.8 万辆，电动汽车充电站超过 3000 座（占全国充电总量的 18%）。由于最近加州的森林大火和其他因素，过去两年硅谷的不健康空气天数比过去十年总和还要多。

六、硅谷指数——城市治理篇

硅谷指数的城市治理篇主要关注城市财政和公民政治参与情况。在财政收入方面，2016—2017 财政年，硅谷财政收入增长了 4%，达到 68.5 亿美元，不过财政支出也有所增长，但是总体财政收入高出财政支出 7.51 亿美元。2007 年以来，硅谷地区的城市预算高度依赖于服务业，48% 的财政收入来自服务业。在公民政治参与方面，根据美国特殊的政治制度，考察民主自信、公民政治参与度，设置了学派归属、投票参与程度等指标，由于这类指标主要是根据美国的政治特征设置，因此，这里不作具体分析。

第三节　硅谷指数的特点总结

应当说，硅谷在国际上的知名度是由其区域的创新实力和创新影响力为基础逐步建立起来的。不过，从硅谷指数来看，硅谷指数并不是单纯对硅谷地区的科技创新进行描述，而是对影响硅谷创新发展的经济、社会等综合因素或基础性条件进行全面的描述，它是一种综合性的指标体系，而被纳入硅谷指标体系的这些要素也是支撑硅谷地区科技创新发展的基础性要素。总体来看，硅谷指数构建呈现出以下特征：

第一，非常综合、全面，但又亮点重点突出。整个硅谷指标体系不仅刻画了企业、居民、政府等各类主体发展的基本情况，而且包括这些主体所依存的大环境的发展，如企业发展的商业空间、居民的住房、交通等。但是从整个硅谷指数报告来看，整个报告的亮点和重点非常突出，创新的主线非常明确，同时，兼顾了美国特有的种族、民主选举等特色内容，这些内容也都是围绕创新展开，如分析各类从业人员的种族、学历等构成。

第二，特别重视结构性问题。比如，对于产业的指标，注重从不同行业、不同类型企业等去考虑；对于居民，从不同种族、不同年龄、不同教育背景、不同技能水平等进行分组考虑；对于交通通勤，除了关注区域内的通勤，还关注跨郡县的通勤，以间接反映区内区外从业人员就业和通勤情况。

第三，指标从多维度、多角度、多层次去挖掘和考察。硅谷指数对于单个的指标，不是汇报指标总体数据，而是从多个维度、多个角度、不同层次进行汇总和汇报。比如，对于居民收入指标，除了报告居民收入水平，还报告家庭收入水平、不同郡县的收入比较。除此之外，还报告不同行业收入水平，以反映硅谷地区行业发展情况；报告不同受教育水平人员的工资水平，以反映因教育或技能引起的收入差距；报告不同种族人口收入情况，以反映种族收入差距；如此等等。

第四，注重区域之间的比较。硅谷指标报告内，很多指标既报告了硅谷又报告了旧金山地区或加州其他地区的水平，这种区域之间的比较很容易让人对硅谷发展量级形成印象。

第五，注重统计方法的科学性。硅谷指数指标构建过程非常注重数据的分析和处理，比如，报告居民平均工资，不是采取简单算术平均数的计算方法，而是利用中位数平均工资反映居民收入情况。

第六，长时间跟踪研究并动态地展示硅谷指数报告成果，报告中所涉及的数据和指标可从网上进行下载，扩大研究影响力。硅谷指数报告自 1995 年首次发布之后，每年无间断地跟踪和汇报研究成果，随着时间的延长，硅谷指数报告的影响力逐步扩大。硅谷指数报告中介绍，硅谷指数年度报告的动态数据可以在其官网上进行查看，对于硅谷指数报告中展示的个别指标，可以从官网进行查询。比如，查看硅谷就业量指标，我们从网站进入后可以查看硅谷地区 2000 年以后各年的就业增长情况；对于数据的来源、指标定义、标注和数据系列，在查询结果下方均进行了相应的说明和标识。

第七，硅谷指数的源数据来自不同的调查和统计机构。硅谷指数涉及的指标范围很广，同时，这些指标不仅仅是单纯的收集和整理，还涉及统计分析、通货膨胀处理等一系列技术性问题，绝非单个研究主体或团队能轻松完成的。不过，硅谷指数的一些指标，采取了广泛的来源口径，而不是完全依靠自身力量开展数据调查，特别是一些宏观或加总的指标。比如，2019年硅谷指数报告第7页脚注标明：当页涉及土地面积的数据，来自2010年美国人口普查局的调查；涉及人口的数据，来自2018年加州财政局的调查；风险投资的数据，来自2018年Thomson ONE发布的报告；等等。一页篇幅所使用到的数据至少来自9个不同单位或机构的统计或报告，并进行脚注标明，这也间接说明了美国官方或非官方各类统计数据之多，数据统计完善程度非常高。

第八，充分借助统计图、统计表，最佳地显示报告结果。硅谷指数报告结合使用文字、统计图、统计表方式撰文，但是需要指出的是，统计图和统计表甚至可以说是硅谷指数主要的展现形式，硅谷指数报告的所有指标的基本信息几乎都能从文中的统计图、统计表上的内容获得，而且硅谷指数报告每一页正文内容，几乎没有一页没有统计图或统计表展示，甚至有许多页面布局了3—4张的统计图或统计表格。这种报告的展示方式需要较高的统计图表制作技巧和费时费力的绘制图表时间，每张图表的制作几乎都是经过深思熟虑的，因为读者仅通过图表不通过文字描述就能知道图表要表达的信息，虽然技术含量高、所需的投入大，但是确实值得借鉴。

总的来说，从上述分析不难发现，要完全像硅谷指数那样来构建中关村核心区发展指数是一项巨大的工程，没有强大的研究团队合作很难在短时间内构建起同硅谷一样的中关村核心区创新发展指数。但是，硅谷指数却给予了我们很关键的思路启示，那就是我们应当紧紧围绕创新这条主线，尝试构建中关村创新发展评价指数，而作为远期的目标，我们应当逐步构建起一种“跳出科技看创新”的思路，要真实地与硅谷进行比较，应当借鉴硅谷指数，逐步完善区域指标统计体系和统计制度，将更多与科技创新相关的要素融合进来，特别是那些支撑创新的基础性条件要素。无疑这对于推动区域创新发展也是非常关键的。作为比较研究的起点，本书主要完成第一步的工作，那就是围绕科技创新主线，构建中关村核心区创新发展评价指数，当然基于数据可得性的原因，我们的指数虽然也分为六个层级的指标，但是与硅谷指数的内容范围无疑还有很大的差距，但这是我们目前基于数据可得性所作出的一项尝试。

专栏：

《硅谷指数2013》

2013 年 2 月，硅谷网联与硅谷社区基金会联合发布了《硅谷指数 2013》。硅谷指数不单以创新能力的刻画为核心，而是将创新作为经济的重要子要素，并更多地关注支撑创新的基础因素，既衡量创新和经济成效，同时重视对社会、环境、空间和政府治理的综合考量。《硅谷指数 2013》囊括人口、经济、社会、空间和治理五个方面，涵盖了人口流动性及多样性、就业、创新、企业、商业空间、收入、早期教育、艺术文化、健康、安全、环境、交通、土地、住房、税收等二级指标。总体上看，硅谷指数具有以下四个突出特点：

一是关注人才的多样性和流动性，重视涵养人力资本。2011 年，硅谷新增获得理工科学位人数超过 12000 人，拥有超过 25 万的国际人才，其中科学和工程领域的高学历人才有 64% 出生在美国之外。

二是关注就业、收入、住房等民生指标，重视社会和谐。2011 年第二季度到 2012 年第二季度，硅谷季度就业量增长 4%。2011 年 12 月至 2012 年 12 月，圣塔克拉拉和圣马蒂奥新增岗位 42360 个。除制造业和生命科学外，主要产业领域就业岗位均有不同幅度的增长。公共领域职位数量继续缩减，2007—2012 年共减少 1130 多个。收入方面：2011 年，硅谷不同教育程度人群的收入分层十分明显，具有研究生学位人群的收入中间值比高中以下学历人群高出 5 倍。住房方面：经济适用房套数所占比例下降至 2%，为 15 年来最低水平。房租价格日益上涨，平均价格达 1966 美元，租住者租金压力上升。

三是关注环保和健康，重视可持续发展。环保方面：2012 年硅谷日人均废物处理量下降 6%，自 1995 年以来累计减少 36%。电力生产率提高 5.2%，人均电力消费量同比下降 2.5%。公共交通乘客量增加 1.3%，平均每人使用 27.5 次。健康方面：幼儿学生疫苗接种率上升至 93.5%，婴儿死亡率降至每千名新生儿 2.9 名，就业居民（18—64 岁）的健康保险覆盖率达到 87%。肥胖现象愈发严重，学生群体肥胖比例为 33% 左右，成年人肥胖比例创十年新高，达到 18.8%。

四是关注风险投资和天使投资，重视培育创新根基。2012 年，硅谷风险投资下降 17%，并购数量也有所下降，但天使投资增长 90%，IPO 数量创 5 年新高，达到 17 家。2011 年，硅谷小企业收到来自联邦小企业创新与技术的资金量增长 30%。

第五章　中关村核心区创新发展评价指标体系构建

借鉴硅谷指数的部分思路，本章将重点介绍中关村核心区创新发展评价指标体系的构建，我们不仅与硅谷指数一样涉及多层次的指标体系，也将不同层级的指标进行了汇总。以下对涉及的指标进行说明。

第一节　中关村核心区创新发展指数构建思路

硅谷指数是一个完善的指数体系，能够全面反映硅谷地区的发展情况，不过，从具体内容安排上，经济发展和科技创新在硅谷指数报告中的篇幅超过 1/3 以上，如 2019 年硅谷指数报告涉及各一级指数内容篇幅达到 86 页，其中经济篇占 32 页。而且，硅谷指数报告的人口、社会等其他方面的内容，几乎没有脱离过创新和人才的主线索。简而言之，创新、人才与企业是整个硅谷指数报告的灵魂。另外，我们也难以建立起与硅谷完全一致的区域发展指数，主要原因在于：首先，区域发展的特殊性导致硅谷指数用于反映中国区域发展实际情况并不一定可行。比如，美国特有的种族问题以及高度的人口流动性在我国多数地区表现并不突出。我国不同区域发展的特点要求有适合用于揭示自身发展的指数。其次，受指标数据的限制，要建立与硅谷完全一致的指标体系基本不可能。我国的官方统计指标基本都是围绕经济核算展开的，收集的指标许多都是服务于国民经济核算，因此，硅谷指数中的很多指标，我国多数地区并没有收集。关于企业创新创业发展，海淀区确实收集了部分高新技术企业的数据，尤其是高新企业，但是细分行业的数据并没有对外公开，特别是企业层面的数据，也并未对外开放。因此，指标的限制和数据可得性极大地限制了我们对中关村核心区发展指数的研究。虽然有不少研究努力将国内区域与硅谷进行比较，但是要构建与硅谷指数完全一致的中关村核心区发展指数并不可行，不过，我们确实可以从硅谷指数的构建中，获得一些有益的思路，为长期跟踪、制定中关村核心区发展指数提供有用的借鉴。

中关村核心区可以说是承担了首都城市“四个中心”功能定位中科技创新中心功能的核心区域，也是未来中关村科学城建设的主阵地，最主要的特征是科技创新和高精尖产业高度集聚。北京市的发展是从中关村出发的，而中关村是从海淀走出来的，中关村海淀园是海淀区的重要招牌。“创新”是中关村的金名片，同时更是中关村核心区的核心品牌，也是中关村核心区区别于国内一般区域的最主要特征。因此，受研究团队和数据资源限制，在研究中关村核心区发展指数时，我们认为研究好中关村核心区创新发展是核心，也是最有意义的内容，同时结合前面硅谷指数的解析，我们不难发现，创新是硅谷指数整个报告的灵魂，受硅谷指数报告的启发，本书的目标是，结合中关村核心区的创新创业特征和数据的可获得性，构建以中关村核心区创新发展为主线的中关村核心区发展指标体系。

第二节　指标体系构建原则

指标体系在构建过程中要遵循一定的原则，包括一般性原则和特殊性原则。中关村核心区创新发展评价指数除了要遵循目标导向原则、可比性原则、有机结合原则等，还需要结合区域特征，突出区域特色以更好反映区域特点。

一、目标导向原则

中关村核心区经济发展最主要的特色是科技创新，因此，发展指标体系的构建和选择也应该尽量能够服务中关村核心区创新发展。要充分考虑评价总体目标与评价指标体系的关系，指标体系建构要服从于总体目标的要求，因此，在进行指标选取时也需要以目标为导向。为此，本书设立了中关村核心区创新发展评价的三级指标体系：一级指标为创新发展综合指数，用于了解中关村核心区创新发展综合变动趋势；二级指标包括产出效率、创新活力、人才发展、企业竞争力、国际化、创新环境六个二级指数，可以依次反映中关村核心区经济产出整体效率、创新活跃程度、人才发展与人力资本积累、企业发展活力和竞争力、企业国际化趋势和创新环境等方面的特征，这些特征与中关村核心区创新发展密不可分；三级指数包括4—6个指标，用于合成二级指标，同时，许多三级指标本身也高度反映了中关村核心区经济与创新发展的部分方面内容。为此，本书将在第七章也进行三级指标的分析。

二、可比性原则

本书不仅仅是为了测度中关村核心区创新发展，同时，硅谷作为全球创新中心，源源不断为中关村核心区输入人才、资本和各类要素及体系，是中关村核心区学习和追赶的对象，为充分比较中关村核心区与硅谷创新发展的差距，在本书第八章进行区域比较时，尽可能选取与硅谷指标相同或可比的指标，这样能对中关村核心区与硅谷的发展差距进行比较，以实际反映中关村核心区与硅谷的差距。

三、可操作性原则

可操作性原则具体指两个方面：一方面，中关村核心区创新指标体系的构建本身要具有可操作性，包括我们构建的指标体系要有相应的数据支撑，否则我们也难以完成整个指标体系的计算。另一方面，构建的指标体系最好对于后续政策的实施具有可操作性，这样才能让研究成果更好地服务于区域创新发展。为此，本书使用的指标都是来自统计局或中关村海淀园，这样不仅有利于提升数据质量，也更方便以后数据的追踪研究。

在进行指标体系的合成时，虽然统计学领域有许多指标体系合成的成熟方法，但是我们将根据数据的特点从中选择合适的方法，比如对于指标权重的设置，可以选择主成分分析法、因子分析法等，但是这些方法适用于大样本数据（截面个体多或研究时间跨度长）的研究，而本书无法获得长时间跨度的数据，因此，无法利用这类方法进行指标的赋权。

四、有机结合原则

整体与部分有机结合是指标体系构建过程需要遵循的一般原则，指标体系既要反映区域全貌，又要兼顾分级指标的主要方面。中关村核心区创新指数指标体系构建也要遵循此原则，既要能反映中关村核心区创新发展的整体情况，又要兼顾到中关村核心区创新发展的各个核心要素，并对其总体贡献做出准确判断。在判断各个核心要素对总体指标的贡献时，我们主要采取客观赋权的方式，依靠指标方差贡献的大小来评判指标贡献的大小。

五、突出特色原则

创新指标体系构建需要满足相关创新理论假设、反映评价对象的客观实际。中关村核心区创新指标体系的建立，需要突出中关村核心区的特色。

中关村核心区是国家自主创新示范区核心区，是我国国内高科技园区发展的典范，创新成果突出，企业发展活力强。近年来，独角兽企业数量占到全国 1/4 左右；依托知名高等院校、科研院构成了相对紧密的产学研结合关系；拥有强大的创新创业服务平台以及高度活跃的创新服务体系，特别是最近几年来，中关村核心区拥有国家级众创空间和孵化器的数量在全国名列前茅。这些创新特色需要在指标体系确定时予以考虑。

第三节 指标体系的研究设计

在中关村核心区发展指数方面，我们主要借鉴硅谷指数——经济篇的构建思路，分级构建指标体系，在指标可获得的前提下，优先采取与硅谷指数同样的指标，这样方便于将中关村核心区的发展情况与硅谷进行对比。在二级指数的设计上，我们设计了“产出效率指数”、“创新活力指数”、“人才发展指数”、“企业竞争力指数”、“国际化指数”和“创新环境指数”六个二级指数，每个二级指标下面分设4—6个三级指数，二级指数最终汇总成中关村核心区创新综合指数，具体参见表5-1。

在区域的对象选择上，由于中关村核心区并不是一个行政区域的概念，它地处海淀区行政区，有些指标适用于整个区域，如住房价格，因此借鉴硅谷指数的区域选择，我们选择行政区的指标代表中关村核心区指标水平，这并不妨碍我们研究中关村核心区的创新发展情况。同时，由于中关村核心区隶属海淀行政区，因此，在有些政策建议方面最终还得落到海淀行政区，因此，有些指标使用海淀区层面数据也是合适的。

表5-1 中关村核心区创新发展评价指标体系

一级	二级	三级	正逆序指标
创新综合指数	产出效率指数	单位从业人员平均产出（万元/人）	正
		单位从业人员平均利润（万元/人）	正
		区域平均利润率（%）（=利润总额/总产出）	正
		单位产出能源消耗（吨标准煤/万元）	逆
	创新活力指数	人均专利授权数（件/万人）	正
		专利申请数（件）	正
		企业内部用于科技活动的经费支出（亿元）	正
		企业科技活动经费占总收入的比重（%）	正
		高端产业总收入（亿元）	正
		技术合同成交额（亿元）	正

续表

一级	二级	三级	正逆序指标
创新综合指数	人才发展指数	从业人员总数（人）	正
		本科以上学历占比（%）	正
		硕士以上学历占比（%）	正
		留学归国人才数量（%）	正
		39 岁及以下从业人员占比（%）	正
		本企业 5 年以上工龄占比（%）	正
	企业竞争力指数	园区企业总收入（亿元）	正
		总收入超过亿元以上企业数（家）	正
		总收入超过十亿元企业数（家）	正
		上市（含挂牌）企业数（家）	正
		独角兽企业数（家）	正
	国际化指数	区域进出口总额（亿美元）	正
		出口占北京市的比重（%）	正
		欧盟、美国和日本专利授权数占比（%）	正
		欧盟、美国和日本专利申请数占比（%）	正
	创新环境指数	孵化器数（个）	正
		累计孵化器企业数（家）	正
		住房价格（元/平方米）	逆
		房价收入比	逆

一、指标体系框架

我们将中关村核心区创新指数有关的指标分解成三个层级：第一层级指标为本书研究的目标层，即中关村核心区创新综合指数。第二层级是分指数，包括六个方面，依次为产出效率指数、创新活力指数、人才发展指数、企业竞争力指数、国际化指数、创新环境指数。第三层级为第二层级下的细分指标，我们选择最能反映第二层级发展情况的一系列指标表示，具体参见表5－1第3列。

二、指标说明

部分借鉴硅谷指数，并结合数据可得性，本书构建中关村核心区创新发展评价综合指标，以反映区域产出效率、创新活力、人才发展、企业竞争力、国际化、创新环境等方面内容。

不过，硅谷作为全球创新中心，更加强调以人为本，全面提升综合发展与可持续发展的能力。指标的设计不仅关注人口流动、就业、家庭的收入；还关注居民居住环境，如社区的多样化指标，包括早期教育、文学艺术参与、健康、安全指标，生活场所的环境、交通、住房指标，公民参与等指标。我国科技园区现阶段仍然主要突出科技创新指标，由于两种指数比较的目标不同，因此，我国科技园区选取的指标与硅谷指数的指标肯定会有较大区别。考虑到目前海淀区虽然已经提出要建设中关村科学城，但仍处于启动建设阶段，相关的统计体系也并不完善，为此，我们仍然着重研究中关村核心区的创新发展方面，具体地，创新综合评价指标体系包含的六个方面的内容阐述如下。

1. 产出效率指数

产出效率指数主要用于衡量区域经济整体产出效率，本书引入的指标包括单位从业人员平均产出、单位从业人员平均利润、区域整体平均利润率，以及区域单位产出能源消耗，这些方面包括了劳动、能源投入，还包括区域产出利润水平。

2. 创新活力指数

创新活力指数主要用于衡量区域创新活跃程度，尤其是企业创新产出和投入情况，引入的指标包括人均专利授权数（件/万人）、专利申请数（件）、企业内部用于科技活动的经费支出（亿元）、企业科技活动经费占总收入的比重（%）、高端产业总收入（亿元）和技术合同成交额（亿元）等，这些指标反映了区域企业和人员创新活跃度。

3. 人才发展指数

人才发展指数反映区域整体从业人员数量和结构，主要从学历构成、年龄结构、从业经验结构等维度考虑，引入了从业人员总数（人）、本科以上学历占比（%）、硕士以上学历占比（%）、留学归国人才数量（%）、39 岁及以下从业人员占比（%）以及本企业 5 年以上工龄占比（%）等指标，这些指标综合体现了中关村核心区人力资本数量和质量水平。

4. 企业竞争力指数

企业竞争力指数主要反映区域企业竞争实力，我们主要引入园区企业总收入（亿元）、总收入超过亿元以上企业数（家）、总收入超过十亿元企业数（家）、上市（含挂牌）企业数（家）等指标，这些指标不仅综合考察了中关村核心区企业总收入情况，还综合考虑了区域量级企业（或重点企业）情况。另外，2013 年以来，中关村核心区独角兽企业数量备受瞩目，占全国数量 1/4 左右，不过因为该指标从 2013 年以后才有数据，因此在构建指标的时候，我们未能引入该指标，在本书第七章我们也对该指标进行了重点分析。

5. 国际化指数

国际化指数主要反映中关村核心区企业整体国际贸易情况和国际专利申请情况，引入的指标包括区域进出口总额（亿美元），出口占北京市的比重（%），欧盟、美国和日本专利授权数（件）和欧盟、美国和日本专利申请数（件）。虽然中关村核心区区域内的许多园区和企业或多或少地参与了国际化活动，包括国际并购、投融资等，但是由于缺少这方面的数据，因此，我们使用上述加总数据来汇总计算国际化指数。

6. 创新环境指数

创新环境指数包含许多方面的内容，不仅包括创新硬环境，也包括创新文化氛围等，不过基于数据可得性，我们引入了孵化器数（个）、累计孵化器企业数（家）、住房价格（元/平方米）、房价收入比指标来表示，这两类指标能够反映区域创新空间与居住生活成本，这也是现阶段影响中关村核心区创新环境较为关键的因素之一。

三、指标体系的计算方法

目前，用于评价创新体系指数构建的方法有许多种，包括主成分分析法、因子分析法、方差贡献分析法、层次分析法、德尔菲法等。这些方法各有自身的优缺点和应用前提，比如，前三种方法相对客观，完全使用数据反映出来的特征来确定指标的重要程度，但是这些方法要求数据时间跨度比较长，适用于大样本数据的分析；后两种方法对样本大小没有硬性要求，但是因为涉及专家打分来确定指标的重要性，因此容易受专家专业程度和专家主观因素的影响。考虑到前三种方法更客观，因此，我们尽量延长样本时间跨度，然后使用方差贡献法，将低层级的指标计算汇总到高层级的指标，进而实现变量的降维过程。不同层级指数的计算方式不同，其中第三级汇总具体计算过程分解如下：

第一，指标正序化处理。由于我们采用的指标同时含有正逆序指标（见表5－1倒数第1列），为了防止指标整合过程出现紊乱，我们事先对逆序指标进行正序化处理，即采用倒数的方式将逆序指标进行正序化，然后再进行下一步的处理和指标体系的合成。

第二，变量标准化。基础指标经过正序化处理之后，所有指标统一变为正序指标，即指标取值越大越好（或中性）。但是由于不同变量有不同的量级、度量单位，因此变量无法直接进行合成。为了克服变量量纲的影响，在对指标进行降维之前，我们统一对变量进行标准化处理，具体公式为：

$$\tilde{x}_t = \frac{x_t}{x_{2010}}$$

从上式不难看出，我们采取的标准化方式为定基处理的标准化方法，即计算各变量以2010年为基期的定基指数，从而来观察变量的增长。

第三，确定变量权重。本书主要采取方差贡献度的方式对二级指标下的三级指数进行赋权，该方法的原理是，视变异程度更高（方差比较大）的变量贡献更加突出，而变异程度小的变量贡献程度低。具体计算方式为：计算各三级指标各变量的方差，然后计算二级指标下的三级指标的方差占比，作为权重 w_k，用于下一步三级指标的汇总。

第四，第三层级指标的汇总。利用公式 $F_h = \sum_k w_k \tilde{x}_k$ 将第三层级指标汇总到第二层级指标。

通过上述步骤我们获得了第二层级指数。为了获得最终的总体创新指数，同样利用方差贡献度对二级指标进行赋权，再同样借助第四步指标汇总的方式对二级指标进行降级。我们使用方差贡献对指标重要性进行赋权是一种客观赋权的方式，能够排除主观因素的干扰。

四、研究时间跨度

研究的时间跨度越长，越能展现中关村核心区创新发展在时间上的变化趋势，但是在具体操作时，我们一方面希望研究的时间跨度较长，另一方面则受数据可得性的限制，特别是我们的研究对象是中关村核心区而非中关村整个目标区域时，所受到的数据限制更强。从官方能够收集到的数据资料来看，中关村核心区相关指标多数从 2008 年起开始统计，部分指标从 2010 年起开始统计。考虑到 2009 年国务院批复同意中关村科技园建立国家自主创新示范区，中关村核心区的发展也进入了新的阶段。因此，我们研究的时间点主要集中于中关村国家自主创新示范区时期，同时，鉴于部分指标仅从 2010 年起统计，为了在综合指标体现中纳入更多指标，在构建中关村核心区创新综合指数中，我们研究的时间跨度为 2010—2018 年。不过在后续的分指标分析中，鉴于部分指标可收集到的时间跨度较长，因此，我们可以进行更长时间跨度的分析。

第六章　中关村核心区创新综合指数测度结果

本书利用上一章介绍的方法测算得到的中关村核心区创新评价指数将在本章进行依次介绍，除了报告总体的创新综合指数，还将对各创新二级指标测度结果进行分析。

第一节　中关村核心区创新综合指数变动趋势分析

首先，中关村核心区综合创新指数大幅提升，2018 年相比 2010 年的水平有非常明显的增长。从图 6 - 1 不难看出，中关村核心区创新综合指数上涨趋势明

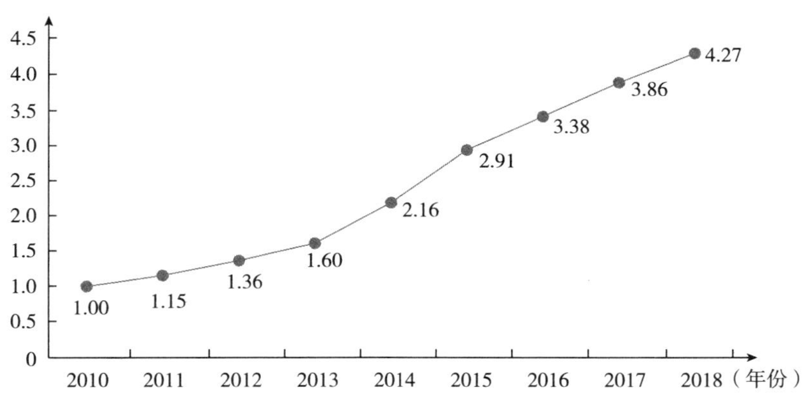

图 6 - 1　中关村核心区创新综合指数变动

注：各二级指标按方差贡献大小权重赋权。

显，2018 年是 2010 年的 4. 27 倍，尤其是 2013 年以来增长更快，说明中关村核心区创新发展水平整体呈现越来越好的趋势。中关村核心区创新综合水平以较快速度不断提升，从而为区域经济发展和中关村科学城建设提供新的契机，同时也对科技创新与城市发展提出了更高的要求。

总体来看，2010 年以来中关村核心区创新发展水平呈现出较大幅度的增长。除了分析创新综合指数变化趋势，以下我们还将依次对中关村核心区创新发展评价指标体系下的二级指数进行分析，以更好地展示中关村核心区在产出效率、创新活力、人才发展、企业竞争力、国际化和创新环境等方面的变化趋势。

第二节　产出效率指数变动趋势分析

产出效率指数综合反映了区域产出效率情况，该指标之下的三级指标主要包括人均创造产出、人均创造利润、平均利润率、单位产出能源消耗等。如图 6 - 2 所示的结果显示，中关村核心区考虑上述指标在内的综合产出效率指数也有较明显的增长，2018 年约为 2010 年的 1. 88 倍，涨幅 88%。产出效率指数趋势总体较为平稳，2015 年以后的增速有加快趋势。不过，与后面的二级指标比较

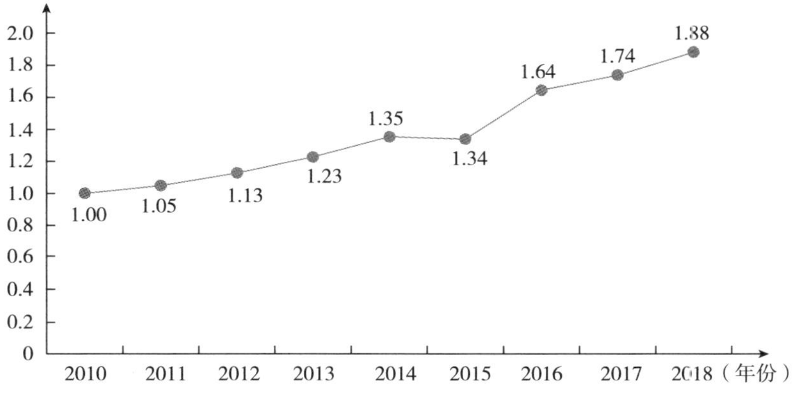

图 6 - 2　中关村核心区产出效率指数

发现，中关村核心区产出效率指数在所有二级指标中增长最为缓慢，这可能与中关村核心区总体产出效率已经达到较高水平有关。

第三节　创新活力指数变动趋势分析

创新活力指数衡量的是中关村核心区与科技创新密切相关要素的整体变动趋势，用于反映区域创新活跃程度，该二级指标体系内含有人均专利授权数、专利申请数、企业内部用于科技活动的经费支出、企业研发经费投入占总收入的比重、高端产业总收入、技术合同成交额等指标，均与中关村核心区科技创新发展密切相关。

中关村核心区创新活力指数整体趋势如图 6－3 所示。从中不难看出，中关村核心区创新活力指数增长比产出效率指数幅度更大，2018 年中关村核心区的创新活力水平是 2010 年的 4 倍。具体从指数增长的贡献看，中关村核心区创新活力水平的提升主要得益于中关村核心区高端产业总收入的增长、企业研发经费投入的不断递增以及企业专利申请活跃度的明显提升。由此可见，中关村核心区产业结构逐步迈向高端化，企业研发活动更加活跃，这推动了 2010 年以来中关村核心区创新活力水平的快速增长。

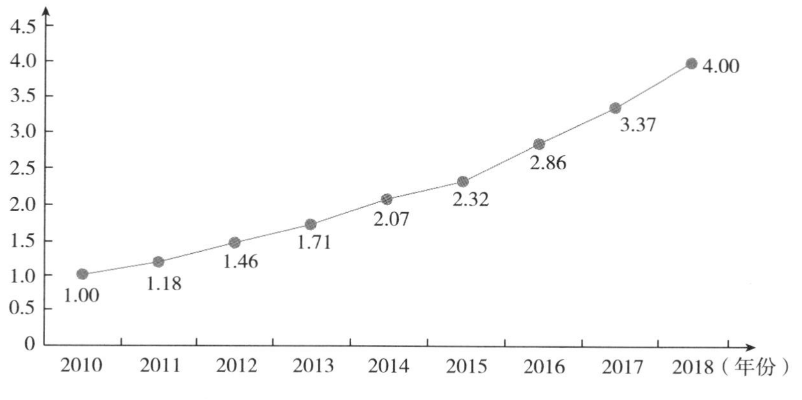

图 6－3　中关村核心区创新活力指数

第四节　人才发展指数变动趋势分析

人才发展指数衡量的是中关村核心区创新人才资源数量与人力资本质量整体变动趋势，该二级指标体系内含有从业人员总数、本科以上学历占比、硕士以上学历占比、留学归国人才数量、39 岁及以下从业人员占比、本企业 5 年以上工龄占比等指标，汇总计算后得到的中关村核心区人才发展指数整体变动趋势如图 6 -4 所示。

从中不难看出，中关村核心区人才发展指数增长趋势明显，2018 年中关村核心区的人才发展指数是2010 年的3. 02 倍。从指标具体贡献来看，中关村核心区人才发展指数增长主要得益于中关村核心区从业人员数量的增长与留学归国人才数量的明显提升，说明中关村核心区人力资本数量增加速度较快。但是，本科或硕士及以上从业人员比例、从业人员年龄构成、本企业从业 5 年以上等指标的贡献较低，这说明中关村核心区人才发展指数的增长更多是依赖于区域从业人员数量以及留学归国人才数量的扩张，而非人才素质的整体提升或人才结构的改善。

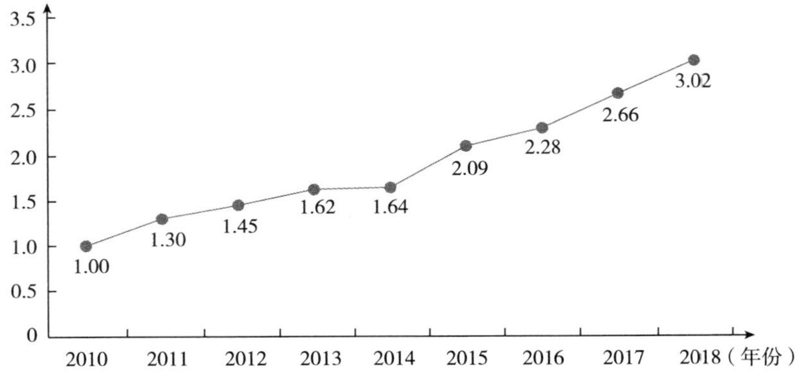

图 6 -4　中关村核心区人才发展指数

第五节 企业竞争力指数变动趋势分析

企业成长与创新是地区经济与创新发展实力的具体体现。中关村核心区聚集了众多高科技企业，企业成长与发展活力是提升区域创新水平的重要因素，为此，我们构建了企业竞争力二级指数，该指数下的三级指标包括园区企业总收入、总收入超过亿元以上企业数、总收入超过十亿元企业数、上市（含挂牌）企业数等，汇总计算得到的中关村核心区企业竞争力指数整体变动趋势如图 6－5 所示。①

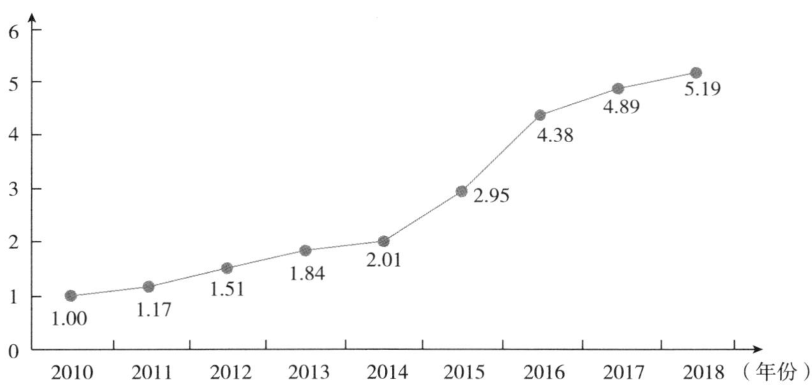

图 6－5 中关村核心区企业竞争力指数

从中不难看出，中关村核心区企业竞争力指数增长明显，2018 年中关村核心区企业竞争力指数是 2010 年的 5.19 倍，相比于产出效率指数和人才发展指数，增长幅度更大。从指标构成的贡献看，中关村核心区企业竞争力指数的增长

① 遗憾的是，独角兽企业数量和估值未能进入此处的指标体系内，由于独角兽企业概念是在 2013 年才提出的，具体数据 2015 年之后才有，但是本书构建的指标体系时间跨度为 2010—2018 年，因此，这里指标合成时放弃使用该指标，不过后文我们也将对该指标进行分析。

主要得益于中关村核心区上市（含挂牌）企业数量的大幅增加，以及企业总收入的不断增长，同时，量级以上企业数增幅也非常明显，这共同推动了中关村核心区企业竞争力指数的增长。当然，从较长时期来看，企业竞争力提升无疑会让中关村这张金字招牌更响、更亮，因为大家在提及创新区域时，最先想到的往往是区域内的知名企业或具有影响力的公司。

第六节　国际化指数变动趋势分析

国际化与全球化不仅是区域发展的必然趋势，也是企业发展到一定程度时逐渐拓展和深化的领域。一方面，中关村核心区目前已经有众多企业进入了全球化市场分工的链条，并有不少企业在行业内占据领先或重要位置。比如利亚德集团，其2017年的LED显示设备的全球市场占有率达到14%，是全球市场占有率排名第一的企业。另一方面，中关村核心区也聚集了众多国际知名公司在华总部，这也成为中关村核心区企业进入和参与国际市场分工的一种渠道。

本书中关村核心区国际化指数下的三级指标包括区域进出口总额、出口额占北京市出口额的比重、欧美日专利申请数、欧美日专利授权数等，汇总计算得到的中关村核心区国际化指数整体变动趋势如图6－6所示。

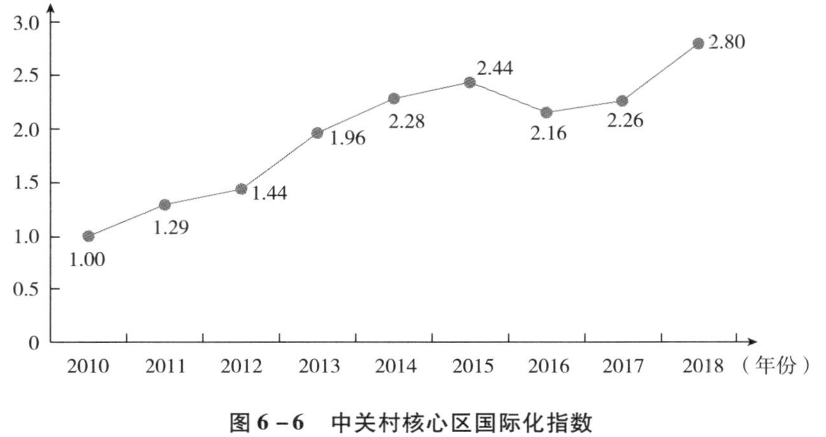

图6－6　中关村核心区国际化指数

从中不难看出，中关村核心区国际化指数增长幅度非常明显，2018 年中关村核心区的国际化指数是2010 年的2.8 倍，这与近年来中关村核心区企业国际化业务不断拓展和加深、国际市场地位逐步攀升的趋势相吻合。中关村核心区企业不仅加快拓展国际贸易领域，而且越来越多的高科技企业已经把在国内市场竞争中积累起来的技术优势延伸至国外，2018 年，仅电子与信息行业的出口创汇总额就达到480.2 亿元人民币，相对2017 年的水平增长了39.2%。虽然2018 年美方引发了中美贸易摩擦，但从数据来看，中关村核心区区域进出口非但没有下滑，反而出现较快增长。2017—2018 年中关村核心区国际化指数也增长很快，增长了23.89%，这主要是因为中关村核心区欧美日专利申请量和授权量占比增长较快，同时，区域进出口总额及其出口占北京市的比重也仍呈现较快增长。

由上述分析不难看出，从政治角度人为制造贸易战或设置贸易壁垒实际上无法阻止全球化的趋势，贸易摩擦可能对以普通制造出口为导向的区域造成一定的损伤，但无法扭转一个国家发展的战略方位，尤其像中关村核心区这类创新水平较高的区域，已经与国际形成了技术共生关系，如果在技术领域引发贸易摩擦，只可能造成两败俱伤的后果。不过在中美贸易摩擦下，中关村核心区国际化指数仍然增长较快，这并不说明和平稳定国际环境不重要，相反地，正因为全球化的趋势不可逆反，各个国家应当共同维护良好稳定的国际贸易和国际关系环境，这对于促进各国经济发展和提升区域创新水平都是非常有利的。

第七节 创新环境指数变动趋势分析

创新环境和创新氛围对于培育创新文化和创新软环境非常重要，一般而言，国际上发展成功的创新区域都有与其相适应的文化或环境为支撑，开放、包容、鼓励创新的文化和环境往往更受欢迎。不过基于文化的特点以及数据可得性的限制，本书主要借助孵化器数量、累计孵化器企业数、房价等来衡量中关村核心区的创新环境指数，汇总计算得到的中关村核心区创新环境指数整体变动趋势如图

6 –7 所示。

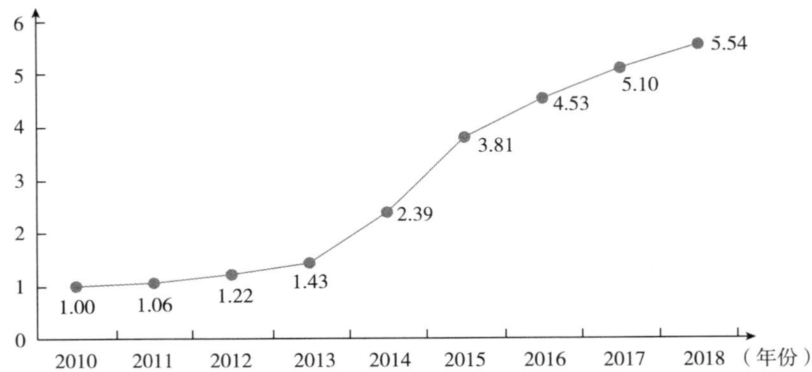

图 6 –7　中关村核心区创新环境指数

从图 6 –7 中不难看出，中关村核心区创新环境指数增长幅度非常明显，2018 年中关村核心区的创新环境指数是 2010 年的 5.54 倍。这主要得益于 2014 年以后，中关村核心区陆续推进以“两街一镇”（中关村创新创业一条街、中关村智造大街、中关村创客小镇）为代表的各类创新载体建设，极大地改善了区域创新的环境。因此，即使房价高涨，中关村核心区创新环境指数整体仍呈现明显改善趋势，并且在 2013 年以后增长趋势更加明显。

第七章　中关村核心区创新指数分指标分析

上一章对中关村核心区创新评价综合指数进行了测度和分析，考虑到不同指标反映了中关村核心区创新发展不同方面的内容，因此，为了更好地呈现中关村创新发展水平，本章我们将对前面各二级指标下的三级指标展开分析。

第一节　产出效率指数分指标分析

产出效率主要从投入产出的角度来看，中关村核心区的产出效率指标主要涵盖基本的产出投入指标。我们主要根据以下三个方面指标来体现核心区的产出效率水平：

一、单位从业人员平均总收入

从单位从业人员总收入情况看，不考虑通货膨胀因素，中关村核心区单位从业人员平均总收入从2008 年的87. 2 万元/人上涨到2018 年的188. 0 万元/人，翻了一番还多（见图7 -1）。

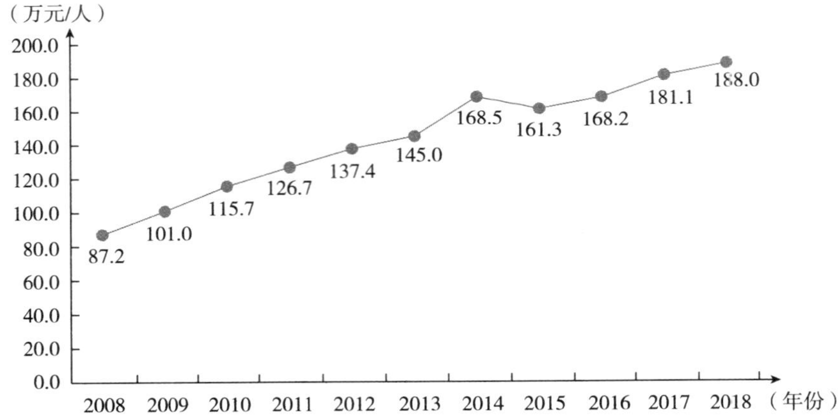

图 7－1　中关村核心区从业人员人均总收入

二、单位从业人员平均利润

平均利润反映了区域企业整体盈利能力，一般来看，企业科技实力越强，对市场的掌控能力越强，利润也越高。比如，同样从事手机生产的苹果公司和小米公司，2017 年企业利润率分别为 26.7% 和 10.7%，相差整整 16 个百分点，这不仅体现了两家公司在技术、市场方面的垄断力，也反映了企业产出真正能转化为实际收入的能力。从中关村核心区企业盈利能力来看，2008—2018 年，中关村核心区企业整体盈利能力呈现波动上升趋势，单位从业人员平均利润（企业利润总额/企业全部从业人员数）从 2008 年的 5.8 万元/人上升到 2017 年的 13.2 万元/人，而后 2018 年又降至 10.6 万元/人（见图 7－2）。

不过，从利润率（利润总额/总产出）来看，中关村核心区企业平均利润率并不高，2018 年整体利润率为 5.7%，处于 2008—2018 年来最低水平，而且从趋势上看，2008—2018 年中关村核心区企业整体利润率并没有呈现太大幅度的增长，多数年份基本保持在 7%—8% 的利润率水平（见图 7－3）。

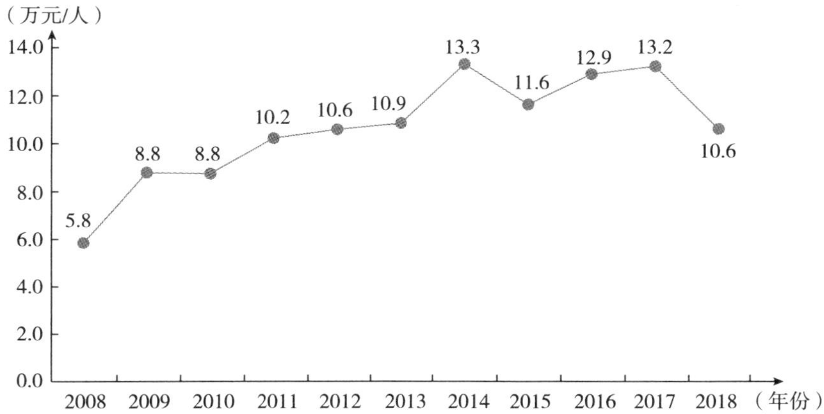

图 7-2 中关村核心区从业人员人均利润

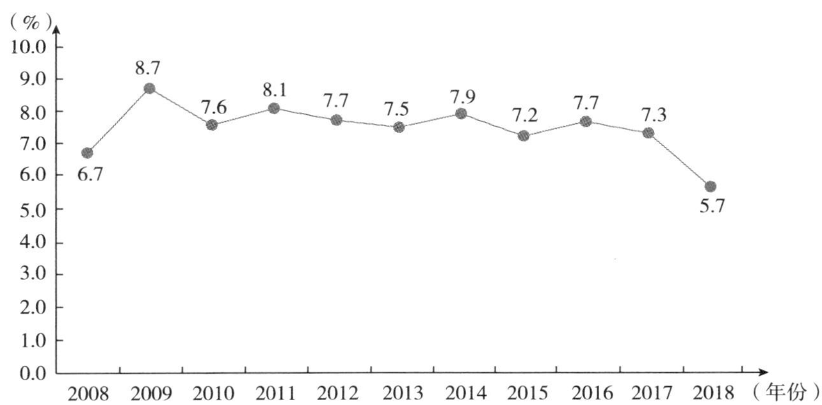

图 7-3 中关村核心区企业平均利润率

三、单位产出能源消耗

单位产出能耗反映的是平均每单位的产出使用的能源情况，是全国各地提高经济发展效率和高质量发展过程中密切关注的一个指标。从单位产出能源消耗看，中关村核心区单位产出能耗极低，2017 年的水平为 0.125 吨标准煤/万元。

相比全国而言，2018 年中国单位国内生产总值能耗为 0.515 吨标准煤/万元（464000 万吨标准煤/900309 亿元），中关村核心区仅为全国的 24.25%。另外，从时间趋势来看，中关村核心区单位产出能耗不断降低，从 2008 年的 0.292 下降到 2017 年的 0.125，下降了一半以上，仅 2017 年就下降了 7% 以上，可见，中关村核心区在能源消耗方面，越来越体现了国家绿色发展的新理念推进（见图 7－4）。

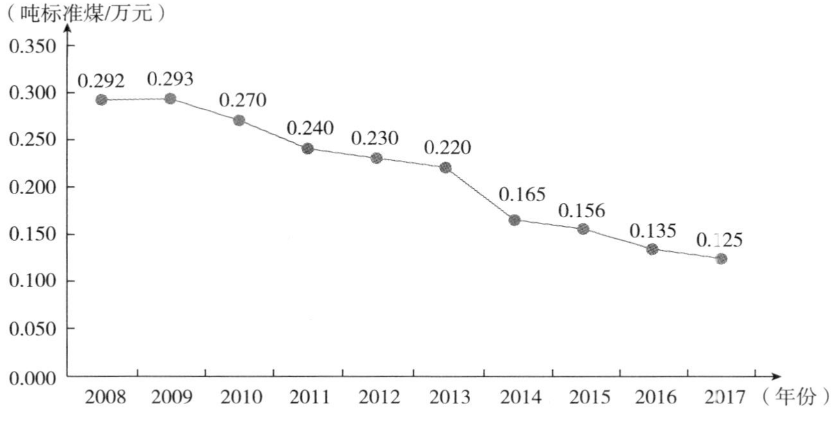

图 7－4　中关村核心区单位产出能耗

注：《海淀统计年鉴》未报告 2018 年的能源消耗数据，因此这里分析截至 2017 年，但是在指标体系合成时，2018 年的万元地区生产总值能耗数据使用 2017 年的表示。

第二节　创新活力指数分指标分析

一、专利申请与专利授权

专利申请数反映了区域创新的活跃程度，尤其是发明专利的申请情况。近年来中美贸易战产生的一个关键原因在于，美国意识到了中国在科技创新方面对其产生的威胁。比如，2015 年中国专利申请数几乎达到位于世界第二的美国的两倍，特别在一些新兴行业如机器人行业，中国的专利申请数是美国的两倍多，让美国政府高度紧张。从专利申请情况看，中关村核心区专利申请总量从 2008 年的 11146 件上升到 2018 年的 48946 件，总体增长了 339%。申请欧美日的国际专利数量从 2008 年的 494 件上升到 2018 年的 3453 件，增幅达到 599%，2018 年就增长了 80%，说明中关村核心区参与国际科技竞争的活跃程度不断提升（见表 7－1）。总体来看，中关村核心区企业国内外专业申请数量虽然各年增长幅度不同，但总体增长的态势非常明显，这也间接反映了中关村核心区企业创新参与度的提高。

表 7－1 中关村核心区企业专利申请情况

年份	专利申请		欧美日专利申请	
	数量（件）	增长率（%）	数量（件）	增长率（%）
2008	11146	—	494	—
2010	11698	—	—	—
2011	13726	17. 34	322	—
2012	18092	31. 81	610	89. 44
2013	21305	17. 76	847	38. 85
2014	27297	28. 12	1665	96. 58
2015	27036	－0. 96	1813	8. 89
2016	37580	39. 00	2482	36. 90
2017	42572	13. 28	1909	－23. 09
2018	48946	14. 97	3453	80. 88

与专利申请数反映区域创新活跃程度相对应，专利授权数则反映了一个地区实实在在的科技创新实力，特别是人均专利授权情况。2010 年以来，中关村核心区专利授权数增长明显，2010 年中关村核心区专利授权数仅 7762 件，2018 年达到 25474 件，是 2010 年的 3. 28 倍。从人均专利产出看，中关村核心区从业人

员人均专利授权数近年来上升趋势也非常明显，2010 年万人专利数为 255. 9 件/万人，而 2018 年为 335. 3 件/万人，上涨了 31% 左右（见图 7 –5）。

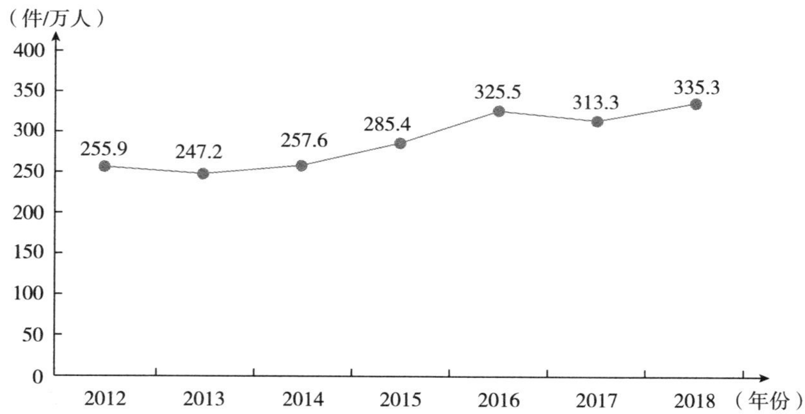

图 7 –5　中关村核心区万人专利数

注：平均万人专利数为每万从业人员的平均专利授权数。

二、企业研发投入

企业是科技创新的重要微观载体，其研发投入能够反映企业的研发活跃程度，是衡量区域企业创新参与度的关键指标。总体而言，中关村核心区企业研发投入不断增长，企业创新参与度不断提高，尤其是参与国际技术标准竞争的活跃度不断提升。如图 7 –6 所示，中关村核心区企业研发投入不断增长，由 2008 年的 204. 2 亿元上升到 2018 年的 1477. 8 亿元，突破千亿元级的研发投入水平，增幅达到 624% 。从企业研发投入占企业总收入的比重看，中关村企业内部研发经费投入占企业总产出的比重较高。2018 年，企业研发投入占企业总收入的比重为 6. 16% ，远远高于 2018 年中国研发经费占 GDP 比重 2. 18% 的水平。而且，研发投入占比增长较快，2008—2018 年增长了 43% 以上，从 2008 年的 4. 21% 上升到 2018 年的 6. 16% （见表 7 –2）。

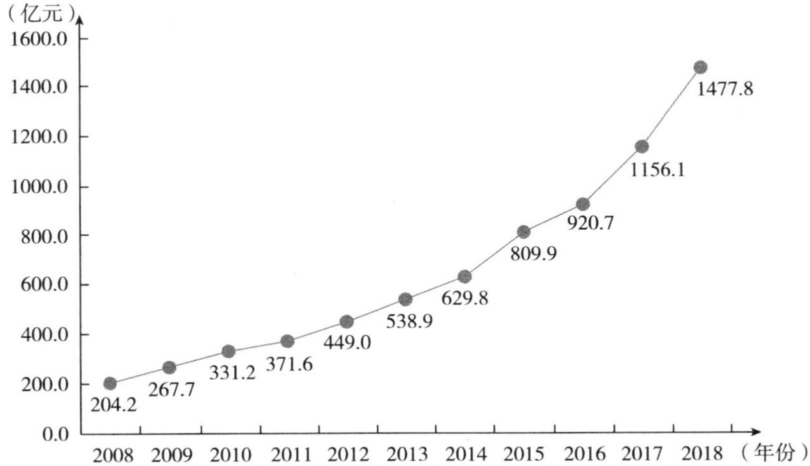

图7－6　核心区企业研发投入情况

表7－2　中关村核心区企业研发投入占总收入的比重　　单位：%

年份	占比
2008	4. 21
2010	4. 69
2011	4. 23
2012	4. 21
2013	4. 3
2014	4. 36
2015	4. 95
2016	5. 02
2017	5. 35
2018	6. 16

三、高端产业发展

总体上，中关村核心区高端产业总收入不断提高，高精尖产业结构更加突出。从产业收入看（见图 7 –7），中关村核心区高端产业（包括电子与信息、生物工程和新医药、新材料及应用技术、先进制造技术、新能源与高效节能技术、环境保护技术）总收入不断增长，从 2008 年的 4209 亿元增长到 2018 年的 20821 亿元，增幅达到 394% 。从总收入占比看，2008—2018 年，中关村核心区高端产业总收入占比一直超过 80% ，2015—2018 年的占比基本保持在 85% 左右，2018 年达到 86. 83% （见图 7 –8）。从独角兽企业分布来看，截至 2018 年，中关村核心区入围独角兽企业的行业领域主要集中在人工智能、互联网、文娱传媒，这说明中关村核心区高精尖产业结构相对比较突出。

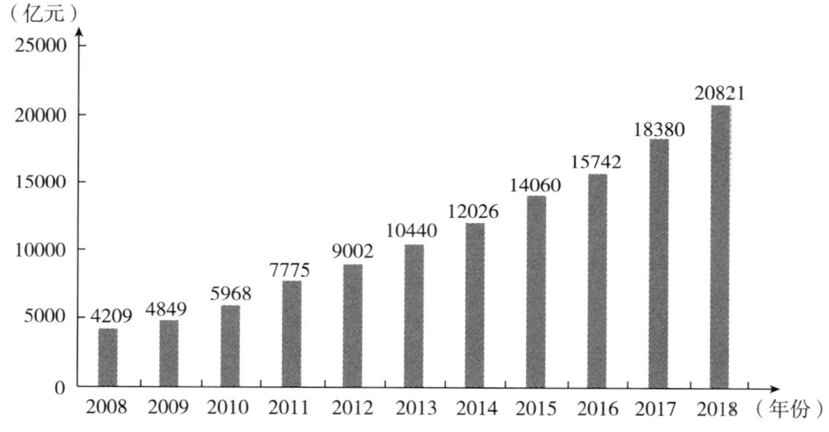

图 7 –7　中关村核心区高端产业总收入

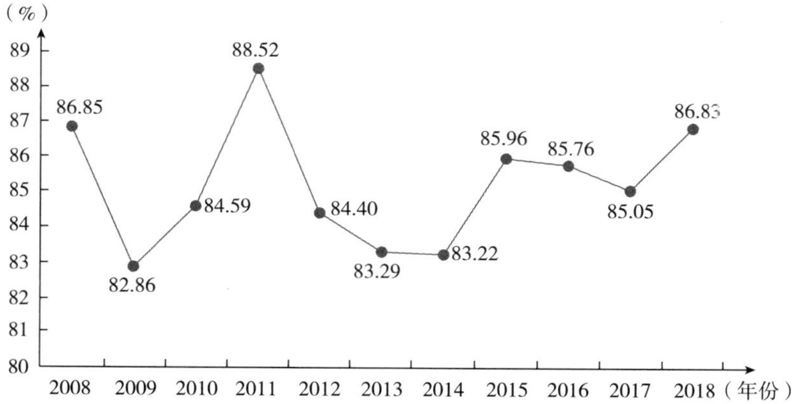

图 7 –8　中关村核心区高端产业总收入占比

不过，具体从产业内部结构看，中关村核心区产业结构中，电子与信息产业一直占大头，2008—2018 年，电子与信息产业在总收入中的比重均超过一半以上，2018 年达到 72.36%（见表 7－3），这显示出了中关村核心区极强的产业特色和产业优势，那就是基于互联网信息产业发展起来的电子和信息产业，是中关村核心区最具优势和影响力的产业，也是中关村核心区通过几十年的产业积累和积淀逐步建立起来的优势产业，这些产业未来将演化出更多符合海淀产业定位的大信息和大健康产业。

表 7－3　中关村核心区部分产业总收入占比　　单位:%

年份	电子与信息	生物工程和新医药	新材料及应用技术	先进制造技术	新能源与高效节能技术	环境保护技术
2008	65.13	2.06	5.52	5.90	5.89	2.35
2009	60.79	1.73	5.22	4.72	8.18	2.21
2010	61.93	1.68	5.54	4.34	9.25	1.85
2011	57.46	1.54	9.29	4.64	13.40	2.18
2012	57.77	2.25	12.49	3.82	6.19	1.89
2013	56.49	1.74	11.51	4.62	6.46	2.48
2014	61.30	1.33	8.21	3.82	6.18	2.39
2015	67.67	1.32	5.35	3.14	5.82	2.65
2016	67.74	1.53	5.54	3.73	4.82	2.40
2017	68.37	1.55	5.09	3.44	4.35	2.25
2018	72.36	1.44	4.69	4.01	2.17	2.15

数据来源：历年《北京海淀统计年鉴》。

四、技术交易合同成交额

中关村核心区技术交易增长趋势明显，但是技术合同成交额占全国的比重逐步降低。中关村核心区企业的国际影响力包括两部分：对国际的影响力和对国内其他区域的影响力。作为国家级自主创新示范核心区，科技影响力是企业影响力的主要方面，而技术交易（尤其是技术输出）无疑是中关村核心区科技影响力的一个体现。从技术合同成交额看（见图7－9），中关村核心区技术合同成交额逐年上升，从2008年的678亿元上升到2018年的1747亿元，大体保持年均10%的增长速度。虽然技术交易量逐年上涨，但不可否认的是，中关村核心区技术合同成交额占全国的比重却逐年下降（见图7－10），从2008年的25.45%下降到2018年的9.87%，降幅达到一半以上，这很可能随着国内其他区域的崛起，核心区技术交易在全国的地位逐步弱化，不过也不能因此否认中关村核心区对全国科技发展的影响力。从经济总量上看，2018年，海淀区GDP占全国的比重仅为0.7%，但技术合同成交额所占比重达到9.87%，可见，海淀区对全国科技发展的影响力远远高于其经济影响力。

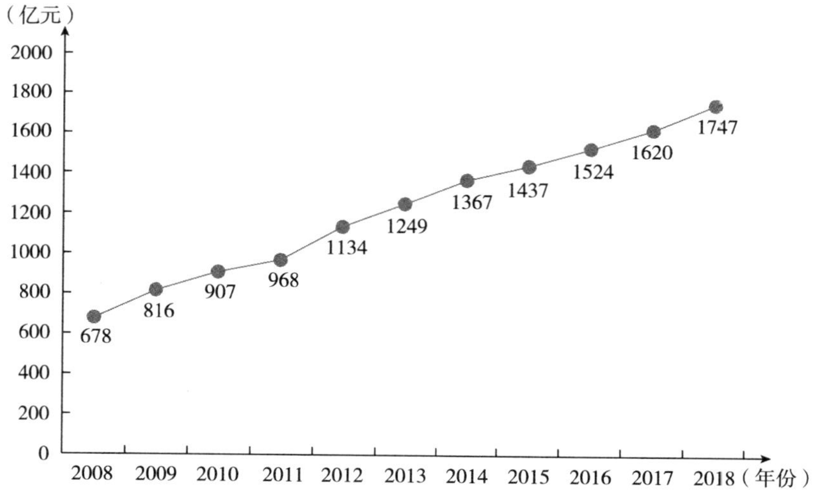

图7－9 中关村核心区技术合同成交额

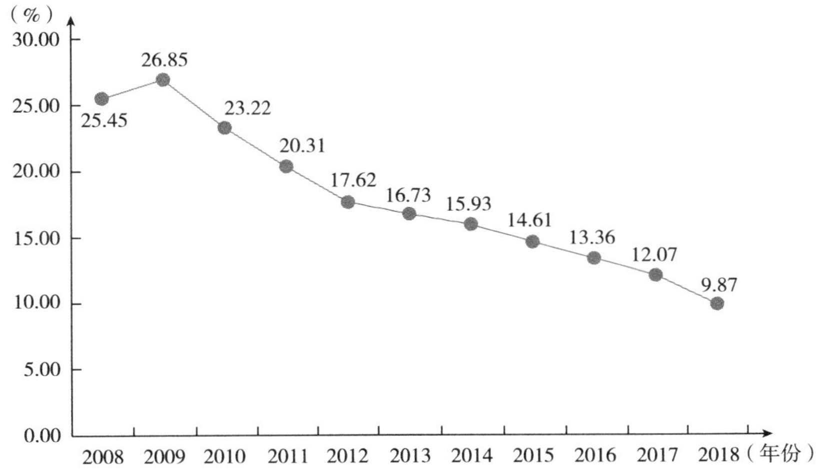

图7-10 中关村核心区技术合同成交额占全国的比重

第三节 人才发展指数分指标分析

中关村核心区作为国内创新高度活跃区域，不仅是各类专业技术人才高度聚集的区域，同时，也聚集了众多国内外顶尖高端人才。中关村核心区的发展离不开人力资本的支撑，人才发展指标主要呈现如下特点：

一、从业人员数量

总体上，中关村核心区从业人员总数不断上升。如图7-11所示，2008年以来核心区从业人员总数呈逐步上升趋势，2018年从业人员总数达到127.54万人，是2008年的2.30倍，上升趋势明显。虽然自2014年以来，北京通过疏解非首都功能疏解了部分产业和人口，但是并没有阻止中关村核心区从业人员数量上升的趋势，这说明核心区发展存在强大的产业集聚力，并提供了源源不断的就业机会，增加了区域对人才的吸引力。

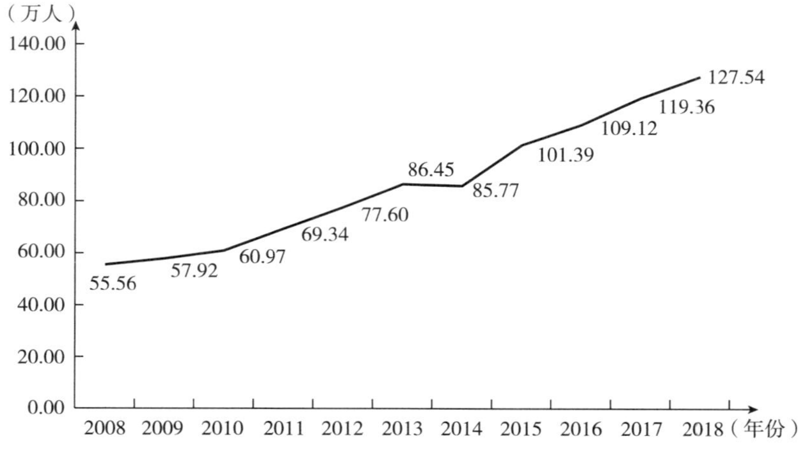

图 7－11　中关村核心区从业人员总数

二、从业人员学历结构

中关村核心区高学历从业人员数量持续增加，近三年增长趋势更加明显。虽然前文提到，中关村核心区人才发展指数增长相对较缓，而且主要得益于从业人员数量的增长，而非人才整体素质的提高或人才结构的改善，但这是基于指标合成过程中不同指标变异程度对整体指标变异程度的贡献来说的，并不意味着中关村核心区人才素质或人才结构没有改善。事实上，中关村核心区人才素质提升也很快，而且近几年增长更快。如图 7－12 所示，中关村核心区硕士及以上学历从业人员从 2008 年的 6.65 万人增长到 2018 年的 19.12 万人，2018 年是 2008 年的 2.88 倍，明显超过全部从业人员的增长。从占比看，硕士学历及以上从业人员占比从 2008 年的 11.98% 上升到 2018 年的 14.99%，这说明了中关村核心区从业人员素质结构不断进行着高端化的调整。

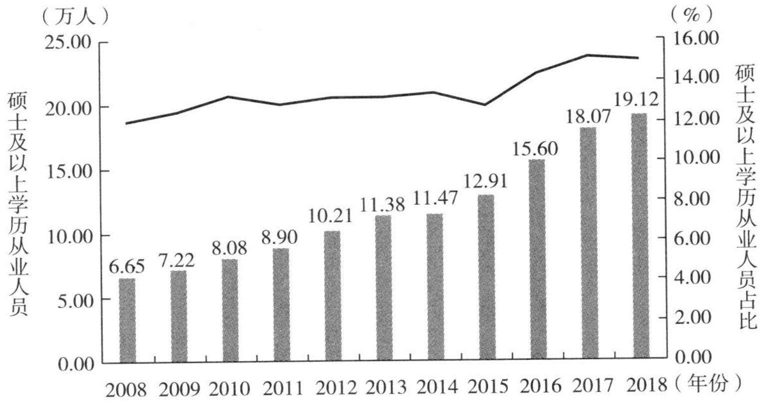

图7－12 硕士以上学历从业人员情况

从从业人员的学历分布看（见图7－13），中关村核心区大学本科学历占比最高，达到一半水平；其次是大专学历，占比为20.18%。其中，大学本科及以上学历占比总和达到65%，可见，中关村核心区从业人员整体素质处于较高水平。

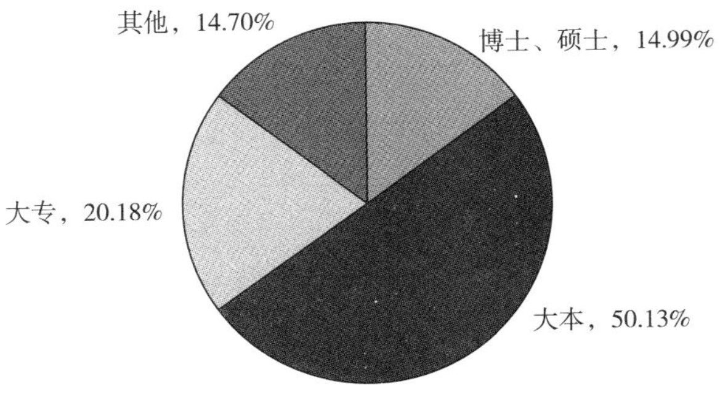

图7－13 2018年从业人员学历构成

三、留学归国人员数量

2008年以来，中关村核心区海外留学归国人员数量不断增加，从5812人增加到2018年的20632人，十年时间增加了2.5倍以上（见图7－14）。留学归国人员的增加不仅得益于国家或地方对留学归国人才的政策吸引，更说明核心区就业机会和就业环境的逐步改善，使得许多海外留学生和海外人才愿意到中关村核心区就业。

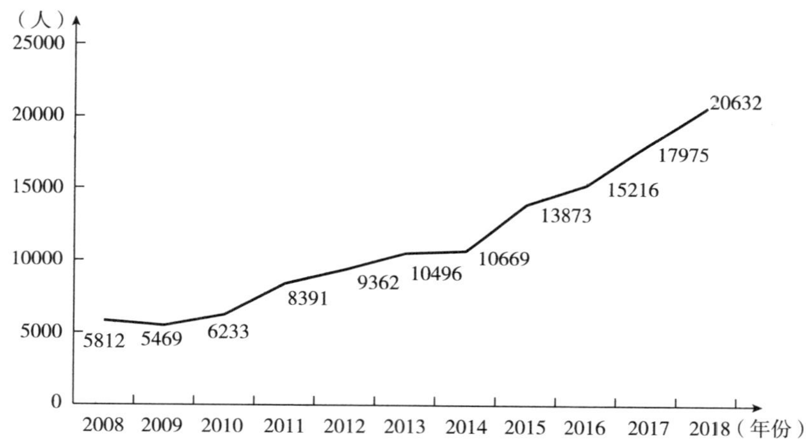

图7－14　中关村核心区留学归国人员变化情况

四、从业人员年龄结构

中关村核心区从业人员持续保持高度年轻化态势。如表7－4所示，2008年以来，中关村核心区从业人员一直保持高度年轻化的态势，40岁以下从业人员占比十年来保持相对稳定，基本占到全部从业人口的85%左右，2017—2018年总数达到100万人，这100万年轻人将青春的热血洒在中关村核心区这片热土上，源源不断地为中关村核心区发展提供最基本的人力资本支撑。40 岁之前对于个人来说，可能是一生中最具有拼搏精神的时期，高度年轻化的从业人员构成为中关村核心区快速腾飞注入了生机勃勃的动力。在年轻从业人员中，30—39 岁从业人员的占比在 2008—2018 年之间提升了 9 个百分点左右，而 29 岁及以下从业人员占比下降了约 9 个百分点。众所周知，人力资本积累需要时间，随着年轻从业人员的结构变动，30 岁以上从业人员人数增多，这为中关村核心区发展提供了更多成熟的专业化技术人才和高学历人才。

表 7－4　中关村核心区从业人员年龄构成

年份	从业人员	29 岁及以下		30—39 岁		40 岁及以上	
	数量（人）	数量（人）	占比（%）	数量（人）	占比（%）	数量（人）	占比（%）
2008	555612	289420	52.09	172252	31.00	93939	16.91
2009	579159	298869	51.60	183148	31.62	97141	16.77
2010	609699	316678	51.94	192613	31.59	105138	17.24
2011	693352	364609	52.59	221958	32.01	106785	15.40
2012	776012	396651	51.11	256187	33.01	123174	15.87
2013	864458	425182	49.18	300444	34.76	138572	16.03
2014	857707	411764	48.01	307041	35.80	138786	16.18
2015	1013888	484442	47.78	370073	36.50	159373	15.72
2016	1091198	511657	46.89	409222	37.50	170319	15.61
2017	1193564	538131	45.09	464597	38.93	190836	15.99
2018	1275410	550573	43.17	511427	40.10	213410	16.73

数据来源：历年《北京海淀统计年鉴》。

五、本企业 5 年以上工龄从业人员

中关村核心区成熟的高水平专业技能人才不断增加。一个发展成熟的区域不仅应当有完善的市场环境，让企业能够自主进入退出市场、人才自主选择就业机

会，同时也应当具备一批发展相对成熟、实力相对雄厚的企业，为区域提供相对稳定的就业机会，并为区域人力资本提升提供平台。由于工人一旦新进入一家企业，需要了解、接受、掌握企业的文化和所需的相应技能，而后要成为具有特定专业技能或技术水平较高的人才都需要一定的时间。因此，我们报告了本企业 5 年以上工龄从业人员占比，以间接反映中关村核心区成熟专业技能人才的积累情况。如图 7 – 15 所示，虽然 2008—2018 年，中关村核心区本企业 5 年以上工龄从业人员占比有所波动，但总体保持在较高水平，从 2008 年的 18.80% 上升到 2018 年的 23.33%，这间接说明了中关村核心区就业环境的改善和人力资本积累深度的提升。

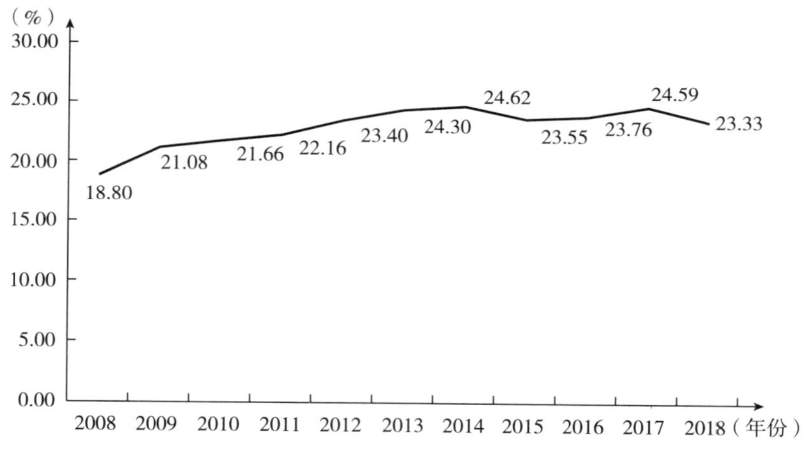

图 7 – 15　中关村核心区本企业 5 年以上工龄从业人员占比

第四节　企业竞争力指数分指标分析

区域的发展离不开企业，它们是区域保持生机活力的具体体现，尤其是重点、重要、著名的企业对区域的发展更为重要，它们甚至决定一个区域发展的成败。为了考察中关村核心区企业竞争力情况，我们主要构建了以下述指标为基础的企业竞争力指标，这些指标具体呈现如下趋势：

一、园区企业数

中关村核心区园区企业数持续优化调整，企业产出稳步上升。如图 7－16 所示，2000 年以来，中关村核心区高新技术企业数量呈现先上升后下降而后又上升的曲线趋势，这说明中关村核心区园区企业数量存在不断调整的过程。2006 年园区企业数量达到最高值，企业数超过 1.8 万家，而后可能受国际金融危机、空间资源约束以及区域产业调整等因素影响，逐步回落后又回升，2018 年园区企业数为 11354 家。不过企业数量有所下降并不意味着企业发展的竞争力变弱，从园区企业产出来看，中关村核心区企业总收入不断上升，从 2000 年的 0.09 万亿元上升到 2018 年的 2.40 万亿元，不考虑物价因素，整体增长了 24 倍以上，如图 7－17 所示。

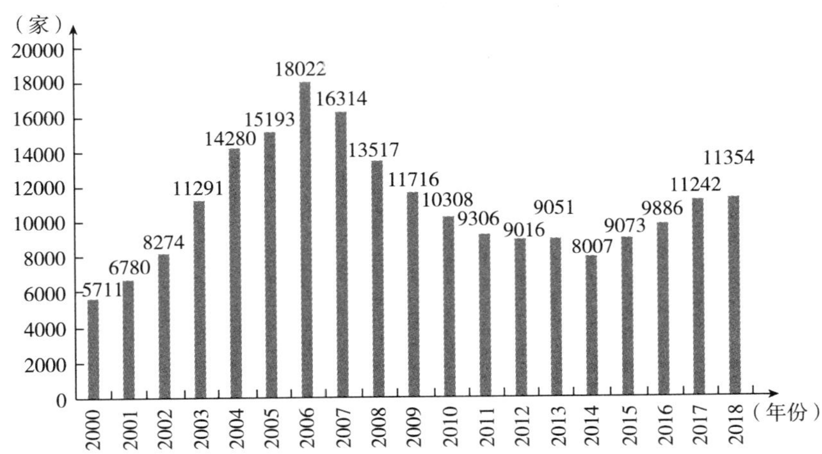

图 7－16　中关村核心区园区企业数

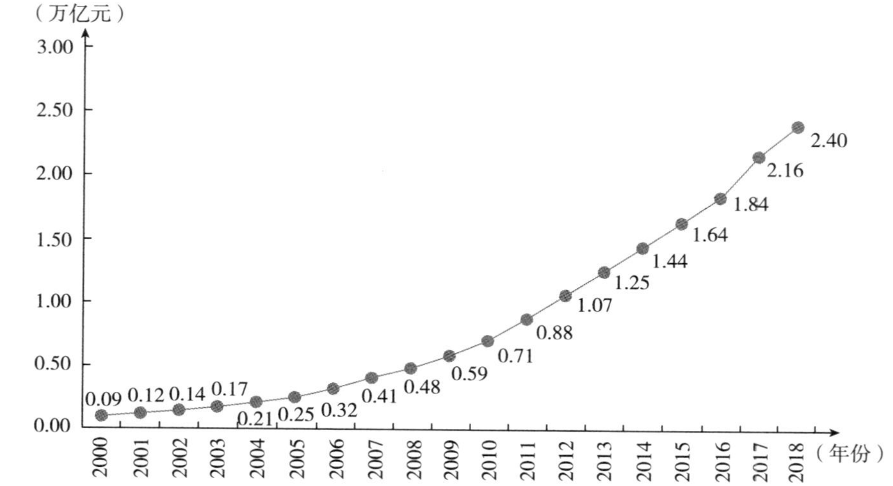

图 7－17　中关村核心区园区企业总收入

企业平均规模不断上升。如图 7－18 所示，中关村核心区企业平均总收入稳步上升，从 2000 年的 0. 16 亿元/家上升到 2018 年的 2. 11 亿元/家，增长了 10 倍以上，这也说明核心区企业营业能力不断增强，企业实力明显更加雄厚。不过，从最近四年的趋势来看，企业平均收入整体进入缓慢增长期，这与中关村核心区企业 2014 年以后整体随着国家大环境的改变，深入推进企业转型升级的大背景有关。

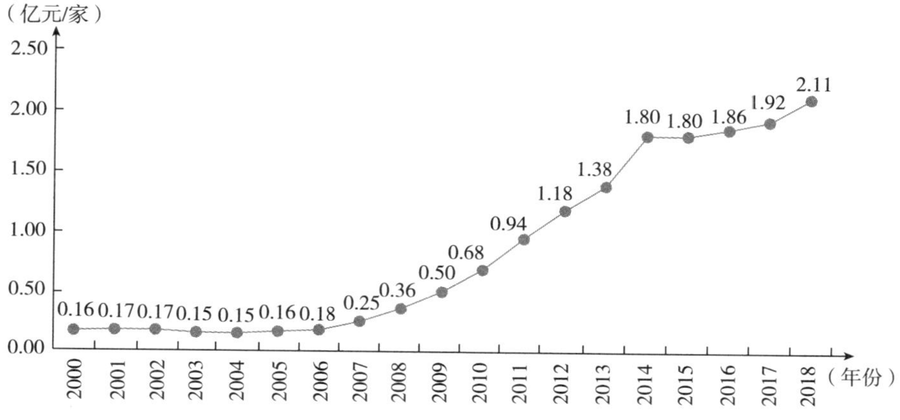

图 7－18　中关村核心区园区企业平均总收入

二、量级以上企业数量

一个区域的发展离不开实力雄厚的大企业，这些企业不仅提供大量就业，同时也为地方提供了大量的税收，而且还往往是提升区域创新能力的主力军。从最近十年发展来看，中关村核心区收入超过亿元的企业数量不断增多，从2008年的580家上升到2018年的1644家，年平均增速10.98%，平均每年增长超过100家（见图7－19）。

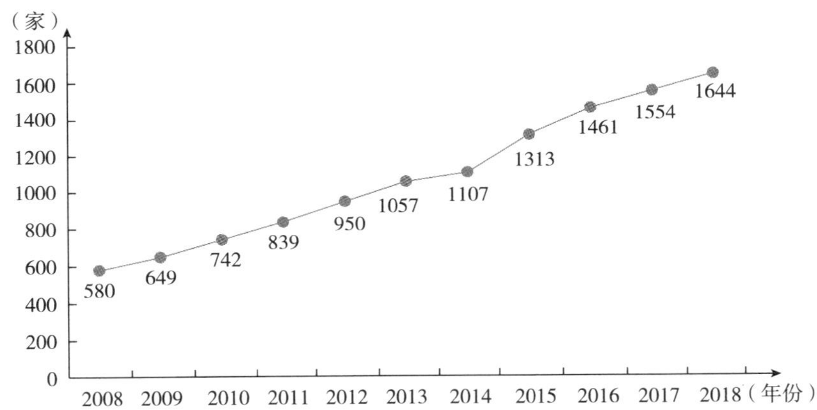

图7－19 中关村核心区亿元量级以上企业数

从年收入超过10亿元的企业看，2018年中关村核心区年收入超过10亿元的企业数量已经从2008年的75家上升到293家，是2008年的3.9倍（见表7－5）。

表7－5 中关村核心区年收入超过10亿元的企业数量 单位：家

年份	2008	2009	2010	2011	2012	2013	2014	2015	2016	2017	2018
数量	75	91	117	119	157	170	185	215	242	289	293

三、上市（含挂牌）企业数量

中关村核心区上市、挂牌企业数量不断增加，企业市值不断提高。2018 年累计上市（含挂牌）企业 1020 家。从增长数量看，上市（含挂牌）企业从 2008 年的 109 家上升到 2018 年的 1020 家，数量上增长了 8 倍多，尤其是 2014 年以后呈现增长加快的趋势（见图 7－20）。2017 年区域集聚 880 家股权投资管理机构、各类金融机构总数 3200 家，2017 年发生企业股权融资、并购案例 330 起。

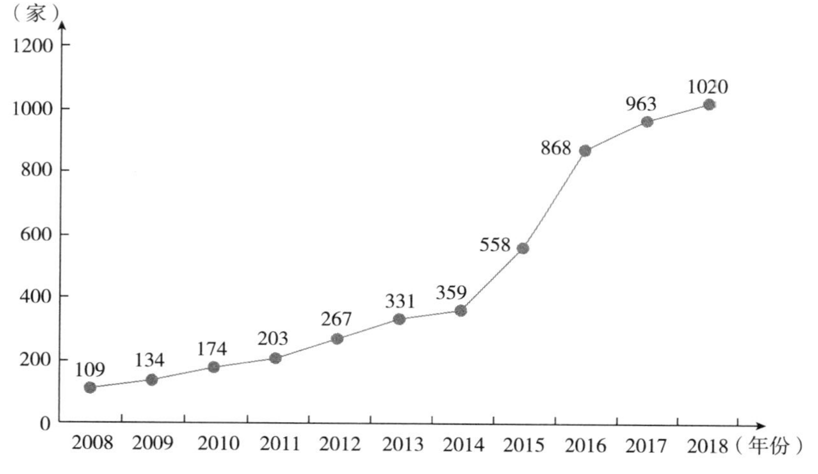

图 7－20　中关村核心区上市（含挂牌）企业数

四、独角兽企业

总体上，中关村核心区数量不断扩张，区域活力明显增强。“独角兽企业”的概念自 2013 年 11 月被国际天使投资人 Aileen Lee 提出后，迅速得到科技界认可，许多机构和媒体开始发布独角兽企业榜单。独角兽企业是一个区域活力的表现，独角兽企业在中关村核心区经济发展过程中扮演着重要角色，特别是海淀区是独角兽企业扎堆的地方，平均每20平方千米就诞生一家独角兽企业，备受国内外瞩目。具体可从一些指标来看：根据科技部发布的《中国独角兽企业发展报告》，截至2017年底，海淀区独角兽企业33家，占北京市（70家）的47.14%，占全国（164家）的19.51%，有多家超过百亿美元量级的超级独角兽企业，包括滴滴出行（560亿美元）、小米（460亿美元）、今日头条（200亿美元）。2017年独角兽企业内部研发经费支出达到67.42亿元，占核心区总量的5.8%；企业申请专利数6727件，占核心区总量的15.8%；企业专利授权数2723件，占核心区总量的12.70%。IPRdaily与incoPat创新指数研究中心联合发布表明，2018年中关村核心区独角兽企业数量增长明显，达到40家，占全国（186家）的比重达到21.51%（见表7-6）。从全球独角兽企业数量来看，全球知名创投研究机构CBInsights发布的最新全球独角兽企业榜单显示，截至2019年11月，全球共有独角兽企业379家，中国入选94家，海淀入选22家，占全国入选总量的23.40%。不过从入围企业看，行业主要分布在互联网、互联网金融、人工智能、文娱媒体、教育等。从人工智能行业独角兽企业发展看，截至2018年底，海淀人工智能独角兽企业涵盖商汤科技、旷视科技、寒武纪科技等8家企业，占全球人工智能领域独角兽企业总数（32家）的1/4。总之，核心区独角兽企业数量之多、规模之大，反映了区域企业发展活力之强。

表7-6 中关村核心区独角兽企业数量 单位：家

年份	2015	2016	2017	2018
核心区	22	34	33	40
全国	70	131	164	186
北京	40	65	70	83

数据来源：作者搜集整理。

第五节　国际化指数分指标分析

随着我国对外开放深度的推进和全球化趋势的增强，国际技术、市场、金融、政策等因素对国内企业的影响越来越大。同时，随着经济实力的提升，我国在国际市场中的话语权不断提升，企业的国际化程度和影响力不断增强。中关村核心区企业，不仅力争对国内经济和行业发展产生重要影响，同时，在国际更高标准的技术、科技等话语权中，也在逐步争取更高地位。比如：中关村核心区以显示器起家的利亚德集团，2017 年在全球显示设备市场份额达到 14%，占全球第一位；从事卫星导航定位服务的北斗星通科技股份有限公司，自主研发出多款低纳米级专业导航芯片，帮助实现中国导航芯片低成本制造。中关村核心区国际化指标下的分指标主要呈现以下特点：

一、进出口总额

区域进出口总额量级较高，占北京市的比重不断上升。进出口情况是区域参与国际市场和影响国际市场的主要渠道。从进出口总额看，海淀区进出口总额数量都不低，不过并不是出口导向型区域。2018 年海淀区进口额 240.1 亿美元，出口额 142.9 亿美元（见图 7－21）。总体上，区域的进口高于出口，核心区进口额和出口额分别占园区企业总收入的 5.98% 和 3.11%，这说明中关村核心区并不是出口导向型区域，因此经济发展受中美贸易战的影响可能不会太大。不过，在进口额当中，技术和服务进口额较高，[①] 可能影响高端技术设备、精密仪器的引进以及部分国外技术服务的购买。

① 根据北京统计数据计算，对于北京市层面，2017 年高新技术产品和机电产品占北京进口总额的比重为 34.85%。

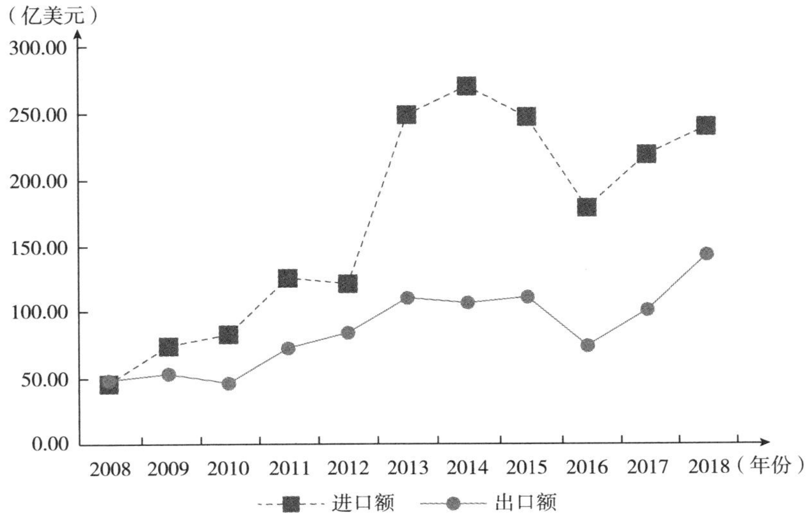

图7－21　海淀区进出口贸易情况

从区域占北京全市的占比看，中关村核心区进出口主要呈现以下两个特征：首先，出口额占北京市出口额的比重明显高于进口额占比。如图 7－22 所示，2008—2018 年，中关村核心区进口在北京市占比低于 10%，而出口占比基本超过 10%，明显高于前者。其次，中关村核心区进口和出口占比均大体呈现上升趋势。对于进口占比，中关村核心区占北京市的比重从 2008 年的 2.12% 上升到 2018 年的 7.09%；对于出口，中关村核心区占北京市的比重从 2008 年的 8.34% 上升到 2018 年的 19.26%，增长了 1 倍多。

二、技术和服务出口

从出口构成看，中关村核心区技术和服务出口较多，如图 7－23 所示，2008—2018 年，多数年份技术和服务出口总额都超过 10 亿美元，2017 年技术和服务出口达到 14.2 亿美元，处于较高水平，占核心区出口总额的比重超过 14%。不过，在中国经济信息社（2019）开展的一项中关村海淀园企业国际化研究中，

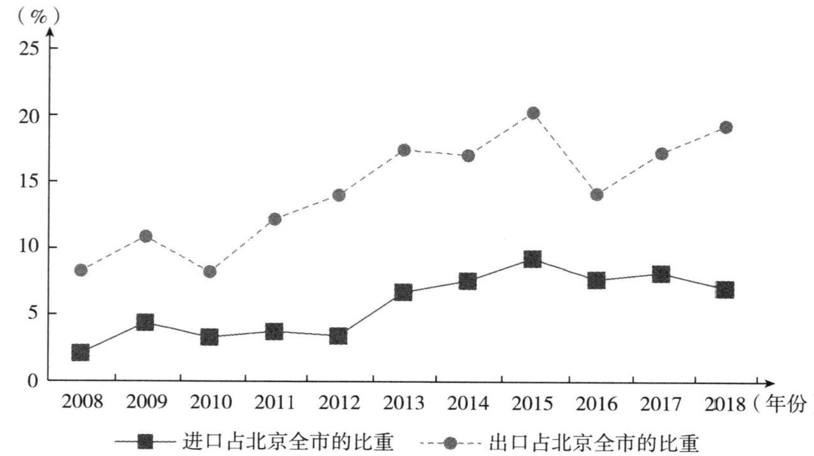

图 7－22　中关村核心区进口和出口分别占北京市的比重

中关村核心区国际化的产业分布主要集中于 IT 互联网（53%）、医疗健康（12%）、高端制造（9%）等，而企业国际化首选方式为技术输出（48%），超过对外贸易（43%）和联合研发（35.11%）。由此看来，基于互联网产业优势，技术输出成为中关村核心区企业进入和影响国际市场的首选方式。

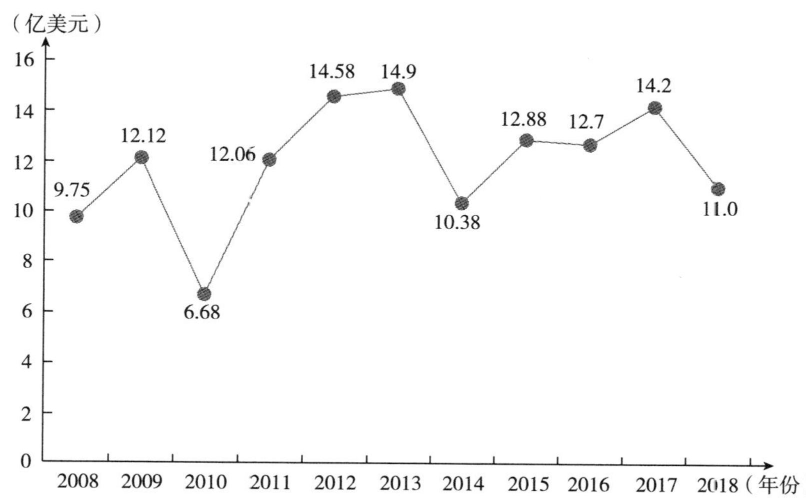

图 7－23　中关村核心区技术和服务出口

三、欧美日专利授权数

中关村核心区不断增加，企业国际竞争力不断增强。专利作为一种无形资产，具有重大商业价值，是企业竞争力的具体体现。申请国外专利是保护本国企业产品在国际市场竞争中利益不受侵害的重要方式之一，同时，也是企业国际市场竞争力提升的体现。最近几年，中关村核心区获得的欧美日专利授权数不断增多，从2008年的167件上升到2018年的1477件，增长了784%（见图7－24）。其中，2017年和2018年增长最快，分别增加552件和228件，增长数量超过2016年的累计数量。

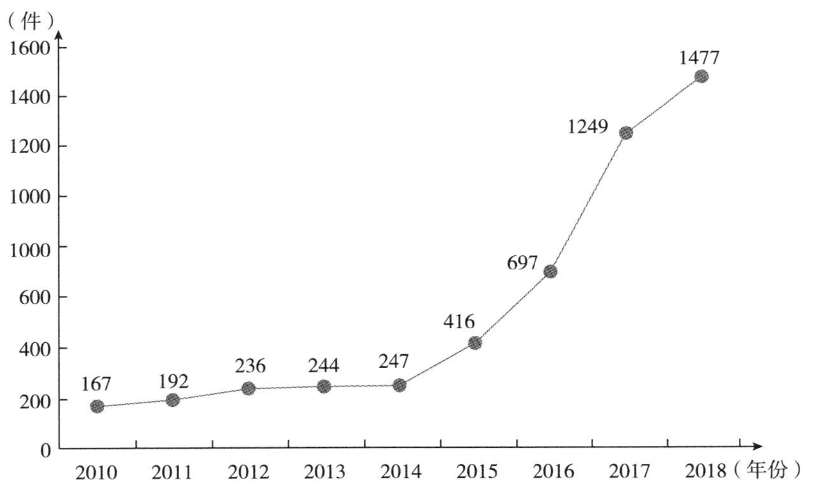

图7－24　中关村核心区欧美日专利授权数

从欧美日专利授权数占申请数的比重看，2008—2018年中关村核心区欧美日专利授权数占申请数的比重也明显提高，从原先的2.15%上升到2018年的5.8%，授权成功率提高了一倍以上（见图7－25）。中关村核心区企业欧美日专利授权数量和授权成功率的提高，表明了中关村核心区企业国际竞争力不断增强，企业国际化水平不断提高，对国际科技创新发展的影响越来越大。考虑到中关村核心区欧美日专利申请数量较多，近年来增幅非常明显，不难预计未来中关村核心区欧美日专利授权数也将迎来更快增长。

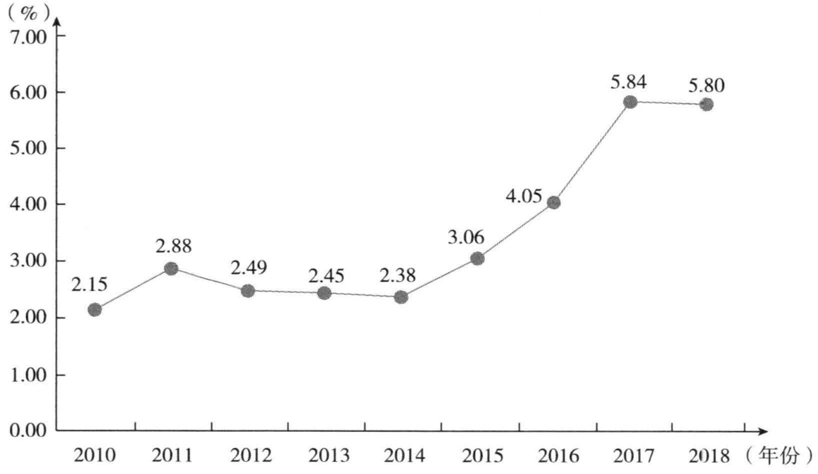

图7-25　中关村核心区欧美日专利申请授权成功率

第六节　创新环境指数分指标分析

企业创新与发展不仅取决于企业自身，还取决于其所处的环境。环境因素包括许多种，有政策环境、市场环境、创新环境等，这些因素构成了地区的综合环境，共同影响着企业的创新与发展。作为中关村核心区的企业，市场环境可以说是既定的，因为随着全球化的推进，国内企业面临的市场越来越大，很难受核心区区域本身的影响；对于政策环境，作为国家级自主创新示范区，中关村核心区的政策环境优于一般区域，但并非独享，也并不是最好的，国内其他区域的国家级自主创新示范区的政策环境并不亚于中关村核心区，甚至会优于中关村核心区。中关村核心区空间资源高度紧张、高端人才与企业高度集聚，在当前北京疏解非首都功能、调控人口、强化城市核心功能定位的大背景下，核心区难以实施更多的优惠政策来吸引企业和人才集聚。

但是针对科技创新中心核心区的定位，海淀区确实出台了一些政策来不断改善核心区的创新环境，包括2018年新推出的“海淀创新发展16条”，就涉及对国家级实验室建设、新型研发平台的政策支持等。可以说，目前中关村核心区的政策环境不断致力于改善整个区域的创新环境，提升区域创新水平。从创新环境的各指标发展看，中关村核心区创新环境呈现以下特点：

一、众创空间和孵化器

2017年中关村核心区共有国家级专业众创空间90家，其中，北京市级众创空间125家，区级集中办公区147家。孵化器数量也不断增长，孵化器这一项新的技术或想法产生之后，帮助它逐步发展成熟并成为企业走向市场的重要载体，对于企业的诞生具有重要的催化作用。如图7-26所示，中关村核心区企业孵化器数量在最近几年不断增长，尤其2013年以后增长趋势非常明显。2008年，中关村核心区孵化器数量才31个，2013年增长到48个，而2013—2018年快速从48个增长到211个，年均增速达到34%。2018年，中关村核心区孵化器221个，总孵化面积达到208万平方米，新增孵化创业团队2703家，累计孵化企业接近2.5万家，孵化器孵化基金总额超过90亿元，2017年和2018年获得融资的团队分别为1038家和526家，成为中关村企业孵化的重要平台。

二、累计孵化器企业数量

随着孵化器数量的增长，中关村核心区累计孵化企业数量不断扩张。如图7-27所示，中关村核心区累计孵化企业数量不断增长，由2008年的3614家，上升到2018年的2.5万家，增长了5倍以上。在中关村核心区孵化成功的企业，

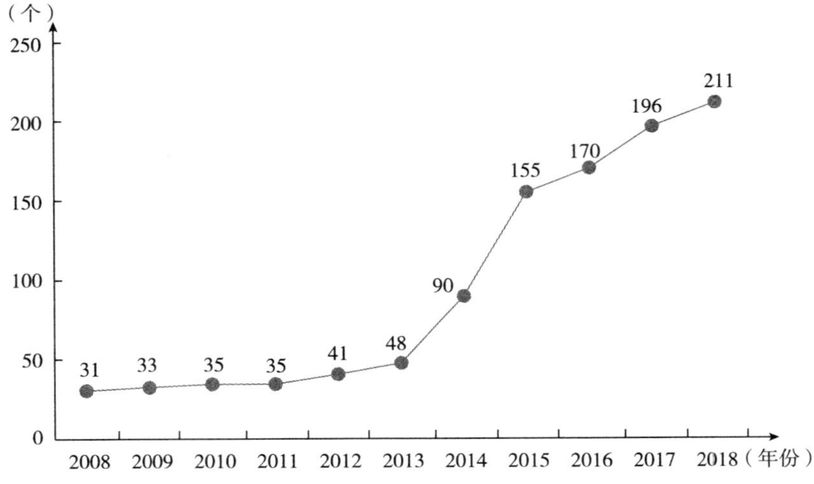

图 7－26　中关村核心区企业孵化器数量

有的在本地落地，有的走向京内其他区域，更有许多走向京外，为我国各区域创新创业发展注入新的力量。

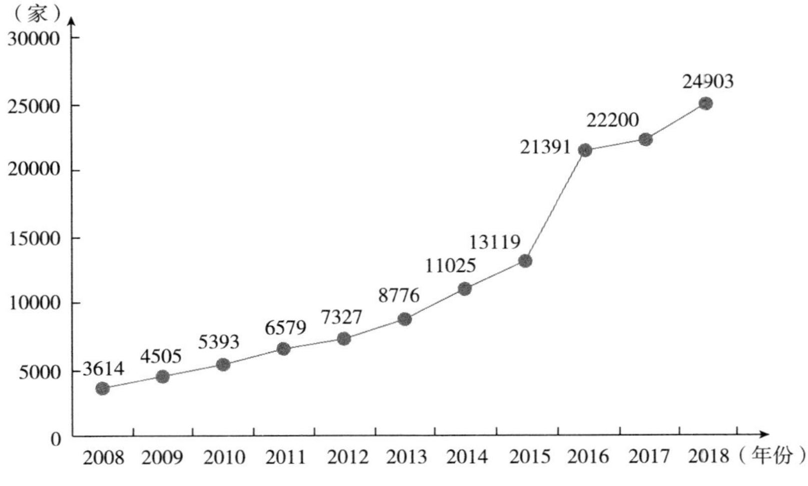

图 7－27　中关村核心区孵化企业数量

三、住房价格和房价收入比

海淀区的住房价格不断上涨，高昂的居住成本无疑将增加区域创新创业的成本。如图7－28所示，海淀区的住房价格高于北京全市平均水平，2018年北京市住房平均价格为5.99万元/平方米，而海淀区平均住房价格为9.04万元/平方米，海淀区平均住房价格是北京市平均水平的1.5倍左右。另外，房价上涨趋势明显，虽然在少数年份增长幅度放缓，但总体上涨趋势非常明显。海淀区平均住房价格从2010年的3.05万元/平方米上涨到2018年的9.03万元/平方米，差价3倍左右。相比而言，北京市2018年的房价是2010年的2.42倍，可见海淀区房价涨幅更加明显，这无疑增加了海淀居民购房和租房的成本。

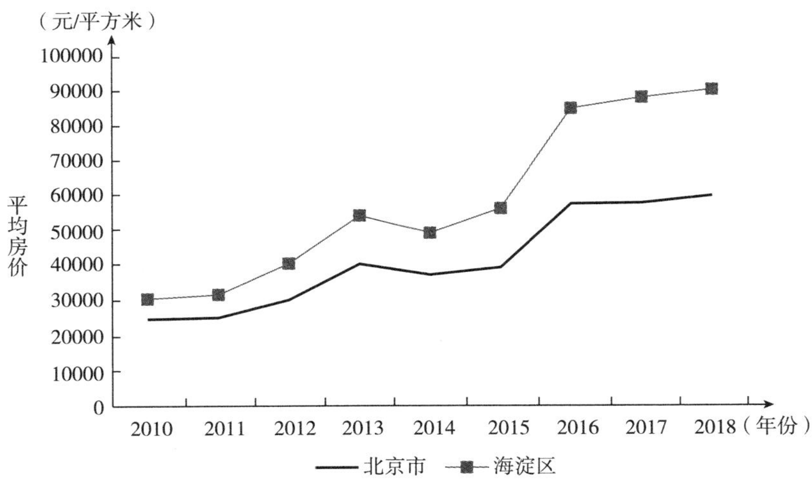

图7－28　北京市和海淀区住房价格变动趋势

资料来源：安居客网，https：//www.anjuke.com/fangjia/。

房价收入比指标经常被用来衡量房价与收入的偏离度，也用来衡量区域住房成本。为了计算房价收入比指标，这里假设一对夫妻年收入全部用于购买一套

70 平方米的房子，则海淀区房价收入比如表 7－7 倒数第 1 列所示。海淀区的房价收入比很高，如果房价和收入不变，夫妻可支配收入全部用于购房，2018 年的房价收入比是 40.45，也就是对于一对普通夫妻来说，得花费 40.45 年时间才能购买得起一套住房，高出房价收入比 4—6 的合理房价收入比标准 10 倍左右，也远远超出了一般居民正常工作年限，可见海淀住房成本之高。另外，虽然海淀区城镇居民人均收入不断增长，但增幅明显低于房价增长的幅度，海淀区 2010 年的房价收入比从 2010 年的 32.05 上升到 2018 年的 40.45，增长了 26% 左右，一对夫妻购买一套住房需要工作的年限增长了 8 年左右。高昂的住房价格直接影响未来人才在海淀的落户、居住和生活，也将影响中关村科学城未来的建设和发展。

表 7－7　海淀区房价收入比

年份	海淀房价（元/平方米）	70 平方米住房价格（万元/套）	城镇居民人均可支配收入（元/年）	房价收入比
2008	—	—	28418	—
2009	—	—	30677	—
2010	30536	213.75	33351	32.05
2011	31703	221.92	37746	29.40
2012	40536	283.75	41842	33.91
2013	54221	379.55	45952.7	41.30
2014	49300	345.10	62325	27.69
2015	56264	393.85	62325	31.60
2016	85041	595.29	67022	44.41
2017	88154	617.08	71986	42.86
2018	90353	632.47	78178	40.45

注：作者整理和推算，房价数据来自安居客网，https：//www.anjuke.com/fangjia，城镇居民人均可支配收入数据来自历年《北京海淀统计年鉴》。

第八章　中关村核心区与硅谷的差距比较

2013年7月，有百年历史的《麻省理工科技评论》刊文指出："全世界的城市都在试图复制硅谷，希望能像它那样出色地培育无数创业公司、发展上千亿美元市值的科技公司。但到目前为止，只有一座城市成为了硅谷真正的竞争对手，这就是北京。"从上述论述不难看出北京在科技创新发展中的地位逐步受到世界的认可，但是北京真的与硅谷相当了吗？北京市社会科学院研究员兼中关村知识产权战略研究院院长马一德曾指出："中关村的创新能力在北京甚至国内确实极具实力，但把中关村放在全球的语境下，显然还有差距。"北京被提到与硅谷相当的地位主要是就北京的创新资源和在全国的创新地位来说的。中关村核心区在创新人才资源密度上无疑在整个北京区域是最高的，也排在全国之首；从专利授权量看，2017年硅谷新增发明技术专利19539件，同期中关村核心区发明专利授权20833件（2018年为22318件），与硅谷相当。虽然在一些量级指标上，中关村核心区确实已经达到与硅谷基本相当的水平，但从整个创新体系的质量和层级来看，中关村核心区与硅谷仍然有不小的差距。本章将利用一些官方公布的数据，结合网上搜集的材料，对中关村核心区与美国硅谷的差距进行比较性的分析。

第一节　经济总量和产出效益方面的差距

从总量上看，硅谷土地面积1854平方英里（合计4801.8平方千米），总人口310万，从业人员167.43万，2017年6月至2018年6月新增就业岗位35558个，增幅2.2%。单位从业人员人均产出（即地区GDP/从业人员）达到20.7万美元，人均年收入达到14万美元/人，是全美平均水平（6.8万美元）的2.05倍，2018年平均劳动生产率为2001年的1.36倍（经通胀处理）。

相比而言，海淀区土地面积430.8平方千米，扣除因制度等原因不能开发的，实际更少，其中高科技企业云集的中关村核心区土地174平方千米。海淀区2018年常住人口335.8万人，从业人员197.22万人，2017—2018年城镇从业人员增加了16万人，增幅8.9%，高于硅谷。从人均产出看，海淀区人均产出约为20万元/人（合计2.76万美元/人），单位从业人员人均产出约为32.85万元/人（合计4.7万美元/人）。相比硅谷20.7万美元/人的单位从业人员产出差距，海淀区仅为其22.5%，仍然有很大的差距，如表8-1所示。

表8-1　2018年中关村核心区与硅谷基本经济指标对比

地区	土地面积（平方千米）	总产出（亿美元）	从业人员（万人）	单位从业人员产出（万美元/人）
硅谷	4801.8	4340	167.43	20.7
海淀区	430.8	927	197.22	4.7

注：作者结合官方数据推算。人民币与美元之间的汇率按1美元=6.99元人民币估算。

第二节　创新人才方面的差距

人才是创新创业的第一要素和基本原动力。硅谷指数对人才资源的分析主要包括人才数量、水平、结构、多样性、流动性等多种维度。

从人才数量来看，海淀与硅谷呈现一定差距。2018年，硅谷从业人员总数167.43万，年新增就业岗位2.2%，本科及以上学历占比82.08%，其中硕士及以上学历占比约为 40.2%。[①] 从高素质人才聚集的中关村核心区看，2018 年海淀园从业人员 127.54 万，同比增长 6.9%，本科及以上学历占比 65.12%，硕士及以上学历占比 14.99%，明显低于硅谷地区（见表 8－2）。由此看来，从从业人员的教育结构看，中关村核心区与硅谷仍然有较大差距。

表 8－2　2018 年中关村核心区与硅谷从业人员对比

年份	地区	从业人员（万人）	从业人员同比增长（%）	本科及以上学历占比（%）	硕士及以上学历占比（%）	外籍人员占比（%）
2018	中关村核心区	127.54	6.9	65.12	14.99	<1
2018	硅谷	167.43	2.2	82.08	40.02	>36

资料来源：《北京海淀统计年鉴》和 *2019 Sillion Valley Index*。

从国家层面的顶尖人才数量来看，中国国际顶尖人才与美国的差距是非常明显的。截至 2017 年，波士顿地区哈佛大学和麻省理工学院两所大学共产生 248 名诺贝尔奖获得者、26 位菲尔兹奖获得者和 39 位图灵奖获得者。硅谷地区斯坦福大学和加州大学伯克利分校两所大学共产生 185 位诺贝尔奖得主，22 位菲尔兹奖得主，52 位图灵奖得主。相比而言，中国上述顶尖人才并不多，中国诺贝尔奖获得者只有 2 名（莫言、屠呦呦），图灵奖 1 名（姚期智），没有菲尔兹奖，数量远远少于波士顿、硅谷等地区。

从人口年龄结构看，硅谷 24 岁以下人口占比 30%，25—44 岁和 45—64 岁人口占比分别为 30% 和 26%（合计为 56%），其余超过 65 岁的人口占比 14%。不过老龄化的压力也很大，在过去 10 年内，硅谷地区人口增长大约 10%，而超过 65 岁的老年人口却增长了 35%。但是总体看来，硅谷工作年龄人口仍然高达 56%，为硅谷地区的发展提供了人才支撑。中关村核心区虽然未报告全部居民年龄结构，但从从业人员年龄分布看，2018 年 29 岁以下从业人员 55.06 万，占全部从业人员的比重达到 43.17%。中关村核心区相比硅谷而言，从业人员偏年轻

① 这里的比例比较应区分全部人口学历占比和从业人员学历占比，相比之下，硅谷全部人口中，本科及以上学历占比 51.6%，其中硕士及以上学历占比约为 18%。

化趋势明显，而拥有成熟技术、资历较高的高级工程师人员占比相对较少，30岁以下从业人员占比达到半数，而40—49岁从业人员占比仅为12.05%，在本企业5年以上工龄的从业人员数占比接近四成（见表8－3）。

表8－3　2010—2018年中关村核心区从业人员年龄分布和从业经验情况

年份	从业人员数	29岁及以下占比（%）	30—39岁占比（%）	40—49岁占比（%）	50岁及以上占比（%）	本企业5年以上工龄占比（%）
2010	614429	51.54	31.35	11.97	5.14	21.49
2011	693352	52.59	32.01	10.61	4.79	22.16
2012	776012	51.11	33.01	11.01	4.86	23.40
2013	864198	49.20	34.77	11.11	4.93	24.31
2014	857591	48.01	35.80	11.19	4.99	24.62
2015	1013888	47.78	36.50	10.94	4.77	23.55
2016	1091198	46.89	37.50	10.98	4.62	23.76
2017	1193564	45.09	38.93	11.37	4.61	24.59
2018	1275410	43.17	40.10	12.05	4.69	23.33

数据来源：历年《北京海淀统计年鉴》。

从人才的多样性来看，中关村核心区也远远落后于硅谷或美国其他地区。美国文化更加注重人才的多样性和流动性，也体现了区域对外籍人员极大的吸引力与包容性。伦敦、纽约、硅谷外籍人口占比分别达到55%、37%、36%，2018年硅谷38.2%的居住人口、47%的就业人口、50%的核心年龄就业人口、78%的年龄处于25—44岁的女性计算机工程师是在国外出生的，高于美国其他地区。虽然美国种族歧视问题一直存在，但2017年硅谷人口中，白种人仅占33.5%，剩下的为其他种族人口（其中亚裔居民占比达到34%）。硅谷企业中印度裔高管占比超过1/3，工程师技术岗位从业人员26%来自印度，14%来自中国。也就是说，硅谷吸引了大量来自世界各地的优秀工程师，且主要集中在25－44岁最具创新活力的年龄段，其中科技移民数量占工程师总数的1/3。相比而言，我国由于制度、文化等因素，人才的多样化和流动性并不高，虽然海淀区也依托“千人计划”“海聚工程”“高聚工程”等政策从海外吸引高端人才，但引入的人才数量与硅谷相比还有很大差距，而且主要吸引的是一些海外留学归国人员，具有多元文化背景的外籍高端人才数量有限。从海外人才资源看，我国外籍人员数量占比低于0.5%，中关村核心区外籍人才占比也低于1%，2018年留学归国人员（20632人）、港澳台和外籍人员（4297人）、外籍专家（345人）合计25274人，占全部从业人员的比重为1.98%，相比2017年（1.77%）提升0.22个百分点（见表8－4）。与硅谷相比，外籍高端人才数量极少，外籍专家数量不超过400人。从上述数据不难看出中关村核心区与硅谷在人才多样性方面的差距之大。

表8－4　2010—2018年中关村核心区海外人才资源　　单位：人

年份	从业人员	留学归国人员	港澳台和外籍人员	外籍专家人员
2010	609699	6233	3763	—
2011	693352	8391	4050	877
2012	776012	9362	3714	1138
2013	864458	10496	3966	1293
2014	857707	10669	3629	1234
2015	1013888	13873	4341	1468
2016	1091198	15216	5356	508
2017	1193564	17975	3136	379
2018	1275410	20632	4297	345

资料来源：历年《北京海淀统计年鉴》。

从人才的流动性来看，硅谷地区人才是高度流动的，不仅体现在人才在区域之间的流动，也体现在区域内部人才在企业之间的流动。过去几年，硅谷人才流入和流出量都是非常大的，2015年6月至2018年6月，硅谷地区外部人才流入量达到61977人，与此同时，人才流出量也非常大，达64318人，人口流入流出量占总人口的比重超过8%。不过，近几年硅谷人才净流入量为负，这与硅谷近年来快速的房价上涨、生活成本提高以及周边地区的崛起有关。另外，在硅谷地区内，企业间人才流动（跳槽）几乎无障碍，流动比率达30%，是世界平均人才流动比率的2倍。宽松的人才流动环境为硅谷形成创新创业人才的良性循环机制创造了条件：大学科研人员热衷创业，创业成功后转做天使投资，进一步发掘新兴技术和创业人才；投资成功后还可以回到大学做兼职教授，培养新一代创业者。但是反观我国，由于机关事业单位编制、福利等制度方面的原因，中关村核心区范围内的高校和科研院所的科研人员创业、在高校院所和企业之间的双向流动，与全国面临的困境一样，几乎没有取得到太大的进展或突破。

第三节　创新支撑要素方面的差距

创新需要是一个大的支撑体系，涵盖的内容也非常广，本节主要分析高校、科研机构和科技金融，它们都是影响区域所能达到的创新高度和创新层级的关键支撑要素。

一、高校和科研机构

涉及区域创新创业体系的分析，不可遗漏的是区域中的高校和科研机构，这是创新创业的肥沃土壤，尤其能够催生高科技产业发展。高校不仅为区域发展提供了人才资源，提供了技术，高校云集还有助于营造区域创新的文化。硅谷及周边地区著名高校云集，包括斯坦福大学、加州大学伯克利分校、加州大学戴维斯分校、加州大学圣克鲁兹分校、旧金山大学、西北理工大学、旧金山州立大学、圣塔克拉拉大学等20所以上美国著名高校，这些高校为硅谷地区发展输送了大量科学技术类人才和各种政商类杰出人才。2017年硅谷毕业生中，有1.78万被授予理工科学位，每年毕业的这些理工科毕业生为硅谷高科技产业发展源源不断地注入新鲜血液。同时，高校还为硅谷地区营造出了创新创业的深厚氛围，因为很多大学生在校期间就开始进行未来的职业规划，毕业后进入硅谷企业工作或创业，成功后返回高校担任教职；也有许多大学教授带着自己的学生一起创业。硅谷高校的教师、学生与企业间的紧密关系无疑加大了人与人之间的创新交流与知识溢出，营造了一种从大学到企业无缝衔接的创新氛围。

相比而言，海淀区拥有的高校数量高于硅谷，每年近 20 万大学生毕业。区域内不仅含有清华、北大等 33 所高等院校，而且包括上百家以中科院为首的国家级科研机构。不过这些高校或科研机构的层级与硅谷地区的相比也有一定差距。在 US News 2018 世界大学排行榜中，[①] 中国只有清华大学和北京大学入围前 100 名，两个学校排名分别位列第 64 名和第 65 名，但是相比之下，美国有 48 家高校入围，其中有 32 所高校进入排名前 50，其中硅谷地区的斯坦福大学、加州大学伯克利分校分别多年稳居全球第 3 和第 4，此外还有多所大学入围前 100 名（见表 8－5）。[②] 由此可见中关村核心区高校与硅谷地区高校的差距，这也影响了中关村核心区科技创新所能达到的层级。

表 8－5　2018 年中关村核心区与硅谷地区大学世界排名比较

中关村核心区		硅谷地区	
大学名称	世界排名	大学名称	世界排名
清华大学	64	斯坦福大学	3
北京大学	65	加州大学伯克利分校	4
		加州大学旧金山分校	15
		加州大学圣塔芭芭拉分校	28
		加州大学圣克鲁兹分校	47
		加州大学戴维斯分校	52

资料来源：作者搜集整理。

① 许多机构发布世界大学排名，不同机构发布的高校排名差异不小，主要原因是各机构采取不同指标对高校进行排名。不过，硅谷地区高校的整体实力高于中关村核心区是非常显然的。

② 搜狐网：《完整榜单！USNews2018 世界大学排名 TOP100》，http：//www. sohu. com/a/227263813_115801，2018－04－04。

从2016年和2018年北京大学和清华大学毕业生就业去向的就业结构看（见图8－1和图8－2），北京大学和清华大学的毕业生中，金融业吸引的就业量较多，2016年在两校吸引的毕业生最多，甚至高于IT、制造业或其他领域，和华尔街上演的故事如出一辙，中国许多计算机、物理、生物等自然科学领域的博士，脱下了工程师制服，戴上了金融工程师的金手套。很难想象，作为我国最高等学府的清华大学和北京大学的毕业生，多数毕业之后不是成为理工类的各类工程师，而是被金融行业吸收走。不过，在2018年清华大学毕业生就业行业去向中，23.1%从事IT行业，在所有行业中占比最高，这说明高科技企业对人才的吸引力有所增强，这无疑也有助于中关村核心区高科技产业的发展和其他实体行业发展。

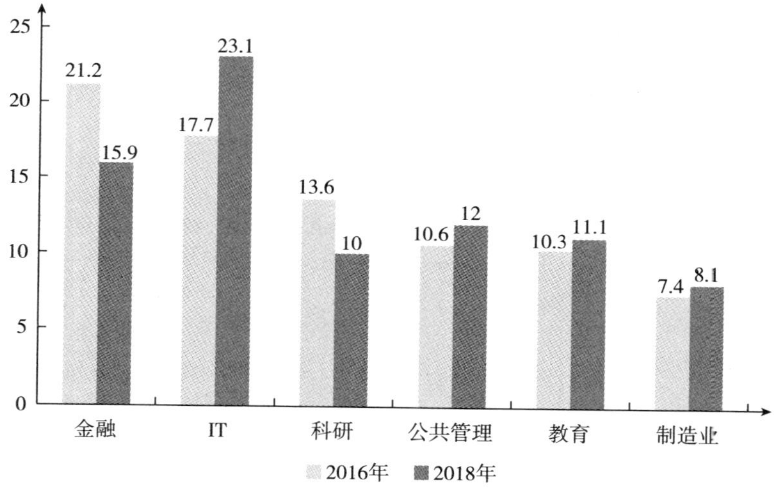

图8－1　清华大学毕业生就业结构

资料来源：《清华大学2016毕业生就业质量报告》和《清华大学2018毕业生就业质量报告》。

二、科技金融

金融是经济运行的血液，科技创新离不开金融创新支撑。美国具有完整的科

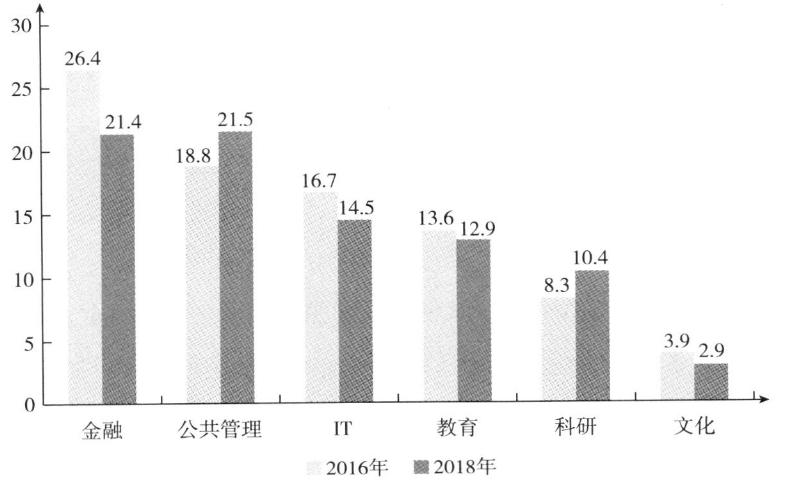

图 8-2　北京大学毕业生就业结构

资料来源：《北京大学 2016 毕业生就业质量报告》和《北京大学 2018 毕业生就业质量报告》。

技金融体系，不仅有完备的资本市场，成熟企业可以通过上市或公开市场业务进行融资，也有一系列服务于科技企业发展初始环节的天使投资和各类风险投资等。总体上，硅谷的风险投资非常充足，2018 年风险投资占到加州的 30.1%，占全美国 1/6 左右，基本上一项科技成果研发出来，立马会有相应的风险资本找上门进行投资（见表 8-6）。除了私人风险资本，具有硅谷独特特色的“硅谷银行”也成为各国模仿的对象，硅谷银行是主要服务于中小科技创业发展的商业银行，聚焦于信息与电子技术行业、软件与网络服务行业、生命科学行业等领域，自 1993 年以来平均资产回报率为 17.5%，高于美国银行业同期回报率的 12.5%（奚飞，2010），许多风险投资公司都是硅谷银行的客户，思科、电子艺界等著名公司均曾受到硅谷银行的资助（谢子远，2010）。

高度发达的科技金融服务体系和活跃的风险投资、天使投资，既是不断孕育创新成果的添加剂，更是加速创新成果转化产业化的重要催化剂。实践经验表明：一种新材料成功从实验室步入商业应用阶段，平均耗时 15—20 年；一种新药从研发到上市一般历时 12—15 年，投入至少 10 亿—12 亿美元。这是很多企业尤

表 8－6 2018 年硅谷和旧金山风险投资情况

地区	总量（亿美元）	占加州比重（%）	占美国比重（%）
硅谷	190	30.1	17
硅谷＋旧金山	500	79	45

资料来源：*2019 Sillion Valley Index*。

其是初创期中小微企业难以独立完成的，其间需要全链条的金融创新支撑。充沛的风险投资、天使投资等私人资本是硅谷快速腾飞的重要秘方，2018 年硅谷风险投资基金新增注入资本超过 190 亿美元，较上一年增长约 31%，达到历史最高水平。不过，最近几年来，硅谷企业早期融资交易连续四年下降，但是巨额的融资或并购并没有消停。2018 年，硅谷有 661 宗种子期或早期投资交易（其中 107 宗是女性创办的初创企业）。2018 年，硅谷首次公开募股（IPO）的数量是前一年的两倍多——主要是医疗（65%）和科技（25%），总融资额（32 亿美元）几乎是 2017 年的 4 倍；然而，这 32 亿美元与硅谷公司获得的私人资本相比微不足道。另外，2018 年涉及硅谷或旧金山公司的并购交易价值超过 1700 亿美元，而且仅占披露金额的 25%。此外，硅谷最大的科技公司（包括苹果、谷歌、Facebook 和 Adobe）还进行了数十起并购。这些并购让公众忽略了硅谷最近几年来初创企业早期融资额交易的下降。但是总体而言，大量的风险投资公司、充裕的风险资本、完整的企业融资渠道、设有专门银行（硅谷银行）为中小企业量身定制金融服务，这是硅谷科技中小企业发展的最大优势。

相比而言，中关村核心区科技金融创新走在全国前列，但是与硅谷仍然有不小差距。截至 2018 年，中关村核心区上市、挂牌企业 1020 家。全区各类金融机构及分支机构 2800 余家，股权投资机构累计 1194 家，披露管理资本量累计 4202 亿元。天使投资、创业投资活跃，是全国乃至全球创业投资都较富活力的区域，形成 46 支、规模 600 亿元海淀创新基金系，多维度为科技创新和高端产业发展提供资本服务。虽然中关村科技金融创新走在了全国的前列，但与硅谷相比还有差距：一是全链条、专业化的科技金融服务体系不够完善。科技型中小企业在初创、成长、成熟的不同阶段需要差异化的金融产品和服务，从早期的政府财政资金引导银行贷款、天使投资和风险投资参与，到股权投资放大，再到上市融资、并购重组，环环相扣，缺一不可。虽然中关村核心区聚集了不少科技金融服务机构，但是服务于全产业链不同环节的科技金融服务分工协作体系尚未完全形成。二是创新型的金融服务还存在供求错位。比如传统银行对科技型企业的信用贷款往往“嫌贫爱富”，锦上添花有余、雪中送炭不足，我国国家级高新区企业中，中小型企业占比高于80%（谢子远，2010），大量中小科技企业存在贷款难、抵押难问题。再如中关村的风投基金偏向短期收益、较多集中在创业企业发展的中后期，对于初创期企业的支持和鼓励较少。三是金融创新的激励机制欠缺。相比硅谷对天使投资的税收优惠、对科技银行的风险容忍，海淀区目前还缺乏对天使投资机构和天使投资人的税收激励政策或风险补偿机制，对科技银行等专营机构的贷款风险也未能实现差异化考核。

专栏：

硅谷的科技金融生态圈

黄国妍、唐瑶琦（2019）认为硅谷的成功离不开其发达的科技金融体系，并将其界定为科技金融生态圈，主要包括四个层面的具体内容：

（1）富有活力和创新能力的多层次创新主体。

最突出的在于，具有良好的激励初创公司的开放创新机制。第一，大型企业通过购买、并购等活动与初创企业开展良性共生的互动关系，为初创企业提供产品、市场、技术服务等。第二，硅谷建立了鼓励创新的开放创新模式，在这种模式下，投资者对公司的经营和管理没有多少话语权，CEO薪酬与公司股票市值不直接关联，因此，能够最大限度地激励企业内部研发活动。第三，高额的金融回报可以激励更多的投资活动和创新创业，而精心设计的股票期权方案可以吸引大公司有稳定职业的员工。第四，著名高校和研究机构集聚，深入推进产学研合作创新。大学一方面在推进科技成果应用中获益，另一方面则利用这些收益继续推进区域的创新，从而建立了良好的声望。在产学研协同创新过程中，“技术转移办公室中心协调”模式发挥重要作用：资金经常从政府和行业流向主要的研究型大学，然后通过技术许可办公室将可商业化的技术和发明专利转移给商业部门，为大学带来收入。

（2）发达的风险投资市场和硅谷银行模式，为高科技企业提供融资支持和增值服务。

硅谷拥有全球最强大的风险资本市场。风险投资主要投向科技初创企业，解决其融资难题。大量的风险投资为初创公司提供人际网络、介绍潜在客户、参与公司管理等增值服务。硅谷地区风险投资的效率较高，当企业发展到成熟期后，风险投资就会通过企业上市或并购成功退出，重新投资新的项目，帮助其他初创企业成长。此外，专注于服务高科技中小企业、发挥风险投资功能的还有硅谷银行，它是硅谷的特色，并被许多地区模仿。硅谷银行模式不同于传统商业银行，它与风险投资紧密合作，旨在为科技型企业提供生命周期各阶段创新的金融产品和服务。结合科技型中小企业的特点，硅谷银行开发了相应的金融产品和服务，如股权投资与信用贷款结合的投贷联动模式、认股期权贷款的模式、供应链融资、中长期创业贷款、全球财务管理等。

（3）政府通过财政税收等手段，积极推动硅谷发展。

硅谷的成功与有效的政府服务也是离不开的。美国州政府不仅为硅谷的基础和应用研究提供大量研发资金支持，并通过设立孵化器，帮助创业企业创造良好的创业环境。美国联邦政府通过国家卫生研究所、国家科学基金会和军队等机构的研究项目，对科学研究的方向产生重大影响。硅谷发达的风险投资市场得益于联邦政府两大重要政策变革：其一是削减资本所得税，在1978年的税收法案中，资本利得税由49.5%降至28.0%；其二是放宽养老金投资标准，1978年美国允许企业养老基金进行风险投资，使养老基金迅速成为风险投资的主要投资方式。另外，大量高技术移民涌入硅谷受益于联邦政府的H1－B签证计划，这一非移民签证允许美国雇主暂时雇用技术熟练工人。政府注重对知识产权和商业秘密的保护，有效支持了开放式创新。

（4）良好的创新创业生态环境，为硅谷科技金融生态圈的良性循环提供有力支撑。

首先，硅谷的商业基础设施发达，为创业企业提供全面服务。律师事务所、会计师事务所、导师网络等，不仅为企业家和创业公司提供直接的融资或法律、会计等服务，而且通过初创公司的股权激励等起到市场筛选的作用。其次，容忍失败的文化环境有助于初创企业孵化成长。硅谷有包容失败教训的文化，其基础是一套有效的评估和监控企业家和初创企业的机制，允许"成功的失败"成为后续成功的垫脚石。城市的创新文化氛围能够鼓励更多的群体投身创新活动而不惧怕失败的风险，从而也吸引了全球人才来此创业，尤其是外来技术移民，满足了硅谷不同层次、不同阶段企业发展的人才需求。

第四节　区域领军企业实力的差距

硅谷培育出许多国际知名企业，这些企业不断反哺区域的创新发展，不仅打响了区域的知名度，也营造出了良好的创新氛围，企业与区域发展之间形成了良好互动关系。毫不夸张地说，硅谷的国际知名度是由其具有全球影响力的大公司开拓出来的。在2016年和2017年全球上市公司市值排名中，苹果、谷歌等硅谷科技巨头连续蝉联榜首，在2019年新的全球市值百强企业市值排名中，苹果（市值8960亿美元）、亚马逊（市值8750亿美元）、Facebook（市值4760亿美元）等硅谷企业进入世界前十，总市值超过3万亿美元。[①] 硅谷指数报告显示，

① 《2019全球市值百强企业排行榜发布　2019年上市公司100强名单一览》，https://www.maigoo.com/news/525418.html，2019－08－17。

2018 年，谷歌、苹果、Facebook、LinkedIn 和亚马逊占据硅谷地区 18% 的办公和研发空间，这五家科技公司租赁和销售共计 4360 万平方英尺（合计 405 万平方米）的商业空间，包括办公和研发空间，还有工业和仓库等。

中关村核心区拥有百度、搜狐、网易、小米、联想、用友、方正等一批国际知名品牌，孕育了优酷、搜狗等全国知名品牌，诞生了滴滴、去哪儿等 O2O 在线生活服务企业，但是这些企业在知名度和影响力方面远远不及硅谷的知名企业。2019 年全球市值百强企业中，美国 54 家，中国入榜的企业市场总价值排名世界第二，有 15 家入榜①，总市值为 3.1 万亿美元。② 但需要注意的是，中国入围的企业当中，科技企业少，银行、保险等国有企业居多，没有海淀区的科技企业入围。上述发现与马文喆（2018）对中美世界 500 强企业的分析得出的结论类似，他从世界 500 强中挑出利润高于 15% 的企业进行分析发现，高利润企业仅有 37 家，其中来自中国的企业 12 家，但是有 9 家为银行，剩下的 3 家分别为台积电、阿里和腾讯；而美国的 25 家高利润企业中，金融业仅有 7 家，而剩下的苹果、谷歌、吉利德、迪士尼、麦当劳等 17 家企业均为大家耳熟能详的超级跨国公司。从上述数据资料中不难看出，中关村核心区虽然培育了大量科技企业，但是尚没有真正能够站上世界科技舞台、进入全球行业巨头的科技企业。

再举具体企业进行比较，以让大家了解中关村核心企业与硅谷企业的差距。同样是做搜索引擎起家的企业，同样是区域知名度很高的企业，2019 年硅谷的谷歌全球搜索引擎市场占有率达到 92.53%，其实从 2009 年以来，其全球市场占有率均高于 89%，而中关村核心区的百度 2009 年在中国的市场占有率为 55.84%。但是随着谷歌在中国市场的退出，百度国内市场占有率逐步攀升，2019 年达到 71.57%，然而其全球市场份额仅为 2% 左右（李向阳，2019）。再比较同样从事手机业务、分别属于硅谷和海淀的苹果公司和小米公司（见表 8－7），截

① 中国入围企业包括腾讯、阿里巴巴、中国移动、平安保险、中国农业银行、中国石油、中国石化、贵州茅台、中国银行、招商银行等。

② 参考消息网：《全球市值百强企业排名出炉：中企总市值排名第二》，http://news.leju.com/2019－08－18/6568690321461656746.shtml，2019－08－18。

至2018年5月，苹果公司的市值是8679亿美元，而小米公司2018年7月刚上市时的市值约为534亿美元。从员工的数量看，苹果公司员工超过10万人，小米公司员工为1.4万人。从手机销量看，2017年苹果公司销售手机2.17亿台，2018年第1季度占全球智能手机市场份额15.6%，占中国市场份额14.8%；小米公司2017年销售手机0.91亿台，2018年第1季度占全球智能手机市场份额8.4%，占中国市场份额10.9%。从营业收入看，苹果公司2017年营业收入2292亿美元，小米公司营业收入180亿美元，仅为前者的7.85%。从经营利润率看，小米公司利润率为10.7%，而苹果公司为26.7%。[①] 通过上述个别企业的对比，不难看到中关村核心区著名企业与硅谷著名企业发展差距之大，虽然核心区企业能够找到自己的市场定位，但是在企业国际市场占有率、发展潜力和国际影响力方面，与硅谷领军企业仍然有较大差距。

表8-7　苹果公司与小米公司比较

公司	全球市场占有率（%）	中国市场占有率（%）	员工总数（万人）	市场价值（亿美元）	营业收入（亿美元）	利润率（%）
苹果公司	15.6	14.8	>10	8679	2292	26.7
小米公司	8.4	10.9	1.4	534	180	10.7

注：作者搜集和整理。苹果公司和小米公司市场价值分别对应2018年5月和2018年7月大致的市值。

第五节　产学研协同创新体系的差距

一、硅谷

硅谷具有完备的协同创新体系。首先，硅谷的协同创新是以资金和项目为导

① 搜狐网：《一图看懂小米和苹果的差距有多大》，http://www.sohu.com/a/231409105_164627，2018-05-12。

向的。硅谷的协同创新有明确的目的，一般是由项目或资金直接推动形成产学研合作模式。其协同创新置身于比较完善的市场经济体制中，大量的科技金融和科技服务机构为硅谷产学研协同创新提供了纽带。比如，斯坦福大学有专门的市场交易办公室，用于对接企业，通常大学有一项新的研究项目出来，就会有对应的科技中介组织找上门，为大学研发实现市场价值提供纽带，不过，这也是得益于硅谷地区风险投资行业非常发达，为研发和创新提供了重要资金来源保障；同时，科技中介服务和科技金融服务也为大学研究方向起到了良好的导向性作用，使得大学的科学研究能够与社会需求接轨。需要指出的是，与企业以利润最大化为导向不同，大学追求的是培养优秀人才和科学研究的深入，两者间的协调与合作主要通过项目和资金来完成。

其次，大学在硅谷协同创新体系中与区域发展形成了良性互动。大学与园区发展之间形成良性互动，在硅谷产学研协同创新中起了提供智力支撑、培育人力资本的作用，同时，硅谷为斯坦福大学在人才培养、技术研发方面起了提供市场需求导向和资金支撑的作用。大学与企业间形成了互利互惠、共同促进的良性互动关系。

再次，硅谷地区产学研协同创新活动频繁、程度深入，这与其高度发达的科技金融和科技中介服务机构发展是密不可分的，科技金融和科技服务中介都是产学研协同创新的关键要素，充当着衔接“产”与“学”“研”主体互动的桥梁，可以说，科技金融是产学研协同创新发展的引擎，而科技中介服务机构是产学研协同创新主体间良性互动的枢纽。

最后，政府在硅谷产学研协同创新中扮演着宏观引导和制定有利于区域协同创新发展政策的角色。政府的作为主要表现在：①引导创新要素集聚，提供良好创新政策环境。在科技园区的建设中，政府提供了军事预算和政府采购服务为园区建设提供间接经费支助，1955—1963 年发展初期，硅谷半导体营业收入的35%—40%是来自政府机构采购，直至现在，庞大的国家军工订单依旧是硅谷市场需求的重要来源。随着科技园区的发展，政府还制定了良好的机制，提供了宏观政策环境。比如，制定美国科技移民政策吸引世界各国人才以解决硅谷创新发展的人才资源需求，1975—1990 年，硅谷外来人口增加了 35 万人，接近翻了一番（祝东伟，2006）。②通过财政经费预算和税收优惠政策来刺激协同创新的研究与开发活动。联邦政府每年均设有专门的研究与发展经费预算，经费除了直接投向政府各个机构所属的科研单位外，还以直接拨款的形式对私人工业企业、高等院校和其他科研机构的科技项目进行投资，有力地促进了区域协同创新发展。③完善美国资本市场和相关科技金融政策。比如，美国建立了多层级的资本市场，为硅谷各类企业提供多层次、多元化的融资渠道，同时，作为资本市场的补充，美国政府制定了《小企业法》、实施“小企业技术创新计划”（SBIR）、颁布《Gramm - Leach - Bliley 法案》等为中小企业科技创新提供良好的法律与制度土壤，保障科技型中小企业拥有相对宽松的融资约束和更广阔的融资渠道，优化了硅谷科技型企业的创业环境。

二、中关村核心区

相比而言，中关村核心区虽然也活跃着众多科技中介组织，高校、科研机构数量不亚于硅谷，但是不同机构、组织之间由于制度、产权等原因存在较大分割，产学研协同创新的广度和深度并不高。首先，高校和科研机构科技成果转化率并不高，2014 年 1 月北京市发布《加快推进高等学校科技成果转化和科技协同创新若干意见》（简称“京校十条”）提出，“允许高校将科技成果转化收益按不低于 70% 的比例分配给科研人员”，“支持高校拥有科技成果的科技人员到中关村创办企业并持有股份”，“鼓励高校新设科技成果转化岗，将该岗位的科技人员列入中关村示范区高端领军人才专业技术资格评价试点范围”等一系列措施，目的在于提高科技人员参与科技成果转化的积极性。虽然政策前景是好的，但具体实施效果并不理想，科技转化成果最终也难以分配到科研人员。

其次，科技中介、科技服务等科技要素缺失，导致产学研协同链条中断。尤其是中关村核心区的许多小微创业者或创客们仍然难以获得科技金融支持。比如调研走访显示，中关村创客小镇的许多创客表示难以获得创业投资或风险资本的支持，在对成果进行产业化和商业化的过程中也缺少相应的指导。作为园区孵化器的硬创大道公司董事长指出，创客们大都是刚刚走出大学的毕业生，几乎没有支付能力，也缺乏创业经验，在产业化与商业化的过程中，迫于资金压力，不少新创公司在成立的半年到一年时间内就解散或注销关闭。总之，制度和协同创新要素缺失等原因造成的高校和科研机构激励不足、产学研协同创新链条缺失、不同行业领域或部门之间分割，导致中关村核心区产学研协同创新的广度和深度与硅谷存在较大差距。

第六节　创新创业环境方面的差距

一、制度环境

硅谷的创新发展源自市场主导，很少受政府指令等行政干预，在严密细致的法律制度框架下，各类人才和企业具有充分的创新创造创业自由。对比硅谷，中关村核心区在支持创新的理念、制度设计和服务效率上还有很大的提升空间。一是面向创新的制度设计理念落后。以科技型中小企业上市为例，在硅谷，遵循的是以信息披露为中心的新股发行制度，对上市企业不设门槛，企业只要信息披露完全、投资者认可，即使没有任何盈利也可上市融资。这与目前创业板、“新三板”等必须盈利后才能上市形成了鲜明对比，这也是大量科技型成长型企业到海外上市的制度原因。二是激励创新的具体制度设计不健全。在硅谷，为确保科技型企业在初创期能够吸引并留住核心人才及团队，赋予核心团队以股份和特别投票权，实行期权奖励、销售额提成等行之有效的激励手段。在中关村核心区，大量的科技型中小企业既无力用高工资吸引核心人才和团队，更难以获得进京户口、汽车牌照等指标，股份期权奖励等尚在探索之中。一些研发人员抱怨工资收入太低、股权激励太难、期权奖励太远。三是服务创新的行政效率有待提升。在硅谷，创业者可在网上申请创业等手续，政府服务人员随手配备的手提电脑可随时审核、办理。而海淀在近几年才开始陆续推出整体性、提高服务创新效率的手段，包括支持创新创业的政策服务体系、创业会客厅“码上办”、203 项创业服务产品等服务体系。虽然中关村核心区本身有许多高科技产品，但在政务部门的应用率并不高，政务办公智能化有待加强，传统的办公方式也导致了政府企业服务的低效率。另外，虽然许多科技园区开通了一站式服务平台，但是许多园区一站式服务平台使用率并不高，缺乏园区特色，大多停留于办理营业执照和工商缴税等层面上，缺少企业科技贷款或投融资等其他方面的服务。

二、居住和交通环境

居住和交通是城市居民工作和生活面临的两大基础性问题，也是影响区域企业发展和吸引高端人才的重要因素。一般而言，经济与科技发展水平较高的城市，高素质人才密集、城市公共服务普遍较好，也普遍都面临房价高与交通拥堵等城市病问题。硅谷也不例外，硅谷最近几年的居住和交通情况也不容乐观。

如表 8 - 8 所示，从住房的价格看，2017—2018 年硅谷住房价格上涨了 21%，区域单套住房售价的（中位数）平均值达到 118 万美元，相比全美（中位数）平均水平的 22.1 万美元高出不少，不过低于旧金山的 131 万美元。从租金来看，硅谷地区每月住房费用 2341 美元，公寓租赁费用 2911 美元，在全美处于最高水平。由于住房价格的上涨，硅谷地区单个房屋多户居民居住（或者隔代居住）的比例较十年前有所上升，由 2007 年的 9.5% 上升到 2018 年的 11%。同时，也有更多的公司选择“远程办公”和“分散式”公司布局的方式，而不是把所有公司员工都置于特定的建筑楼里，这样减少了企业用于租用实体空间方面的运营支出。从收入来看，2018 年硅谷地区居民人均收入首次突破 10 万美元，达到 102410 美元/人，几乎是全美国平均水平（51640 美元）的两倍。[①]

① 作者根据 *2019 Sillion Valley Index* 整理。

再分析海淀区的住房价格，安居客网显示，海淀区 2019 年 11 月二手房单价 8.8 万元/平方米①，如果按 70 平方米的价格计算，单套住房价格为 616 万元。再看租房成本，海淀区一居室租房价格基本都在 4000 元以上，本书以最低 4000 元的租金计算。从购房成本看，2018 年海淀区城镇单位在岗职工年平均工资 170411 万元，如一个职工以近期的工资水平要购买一套 70 平方米的住房，需要花费 40 年时间，相比而言，硅谷地区的员工要购买一套住房（面积很可能大得多），只需要 11.5 年的时间。再从租房成本看，硅谷地区平均的租金收入比为 0.274，也就是如果租房，单位员工需要花费年工资的 27.4%，而海淀区该值的保守估计为 28.1%，与硅谷相当。可见，中关村核心区居民居住成本明显高于硅谷，尤其对于需要在海淀购买住房的年轻人而言，购房压力更大。同时，住宅价格的上涨导致商业用地价格也跟着上涨，与之相应的企业也面临极高的商务成本。

表 8－8　中关村核心区与硅谷住房价格比较

地区	平均住房价格	住房平均月租金	居民人均工资	员工购买一套住房需要工作年限	租金收入比
硅谷	826 万元	2341 美元	10.24 万美元	11.5 年	0.274
海淀区	616 万元	4000 元	17.04 万元	36.15 年	0.281

资料来源：根据 *2019 Sillion Valley Index* 以及作者推算。

硅谷最近几年通勤时间有所提升。与过去的十年比，硅谷通勤时间上升了 20%，相当于每个居民平均每周多花费 50 分钟时间，这导致整个地区每年的效率损失高达 270 亿美元。2018 年单位人员全年增加通勤时间 43 小时，6.5% 的员工在通勤路上花费超过 3 个小时，较 2011 年增长了 11%。

相比之下，北京交通的拥堵情况也是不言而喻的。中关村核心区土地面积低

① 事实上，北京近几年房价已经有所回落，2017 年时的房价更高。

于硅谷，而人口数量高于硅谷，并且存在大量职住分离、需要远距离通勤上班的人口，因此，交通拥堵的情况甚于硅谷。根据北京交通发展研究院2019年发布的《北京市通勤出行特征与典型区域分析》报告和《北京市居民公共交通出行特征分析》报告看，北京工作日期间每天平均有610万人选择公共交通出行，六环内平均通勤距离12.4千米，平均单程通勤时间为56分钟，即对于大部分的海淀区从业人员而言，平均每天要花费2个小时在上下班路上。[①] 对于居住郊区而在城区工作的居民来说，通勤距离一般都要超过15千米。一些CBD或产业集聚区，早晚通勤高峰的拥堵程度要更高，比如海淀区中关村地铁站、西三旗地铁站是北京早晚高峰最拥堵的几大地铁站点之一，中关村和上地附近是产业集聚区，分布着海淀重点办公楼宇，但是与此相应的职住不平衡又是海淀普遍面临的问题，因此，交通拥堵情况不言而喻。在北京如果通勤距离超过20千米，又需要通过城区，不管是公共交通还是自驾车，早晚高峰单程通勤时间一般都在1个小时以上。为了应对交通拥堵对职工精力造成的损耗，海淀区不少高科技企业不得已做出一些应对策略。比如位于软件园东北侧的快手公司总部，为了鼓励本公司员工近距离居住，对于在公司周边3千米范围内租房居住的员工，每月给予2000元的租房补贴，以鼓励员工将更多精力用于工作而非浪费在上下班路上。由此可见海淀区企业因为交通拥堵而增加的用工成本之高，但是对于大部分企业而言，他们并无力采取此类补偿措施来应对，由此导致的整个地区效率的损失也是非常巨大的。

三、创新文化氛围

硅谷地区的创新观念、创新精神、创新文化氛围长久以来一直是世界各国学习和模仿的对象。以前，硅谷许多成功的企业家都是在车库中创业成功的，比如

① 由于样本的不同，不同研究得出的结果也不同，比如滴滴出行2018年1月26日发布一份出行报告显示，北京单程通勤距离平均为17.4千米，平均单程通勤时间52.9分钟。

著名的苹果公司创始人乔布斯从小就在他父亲的车库中有了自己的“工作台”。虽然不少人提出美国的车库比中国的车库条件好，但是仍不难看出美国人从小培养创新的观念之浓厚。除了家庭环境，整个硅谷地区也营造了一种有助于创新的文化和氛围。比如，硅谷的企业为研发人员提供良好的办公环境，员工有独立的工作间、休息室和自助式吧台等，优越的环境和充分的自由最大限度地调动了员工的积极性和创新潜力。

硅谷还有许多的咖啡屋、创新工厂等创新空间是企业家交流的重要平台。在硅谷的文化观念中，大家并不以创新创业失败为耻，相反地，大家都以创新创业为荣，创业被认为是一种宝贵的人生经历，创业失败的人仍然能够获得别人的认可，并获得别人对自己在技术、资金、经验等方面的帮助，短暂的失败使得企业加大研发的投入力度而不是减少，增加创业者们的创业激情而不是削减。与之相比，中关村核心区从小环境到大环境在创新氛围的营造方面与硅谷仍然有较大差距，虽然近几年，海淀通过建设“两街一镇”（中关村创新大街、中关村智造大街、中关村创客小镇）极大地改善了整个区域创新创业的氛围，但是这种氛围受大环境变化影响较大，尚未形成稳定的内生良性循环机制。

另外，硅谷的创新网络囊括了高校院所、高科技企业、自发形成的各类社会组织和政府等众多主体。其中各类自由组合、自我服务、自我发展的社会组织和行业协会在搭建创新人才之间的信息沟通、思想火花碰撞、行业趋势研判、参与行业政策制定等方面发挥了重要作用。灵活多样的非正式社会网络，为各类隐性知识的有效传播提供了渠道，而这些隐性知识的扩散，恰恰加速了创新成果转化应用。虽然中关村核心区也活跃着上百家的社会组织（主要是指登记注册为法人单位的社会组织）、产业联盟、行业协会，包括中关村社会组织联合会、中关村产业技术联盟促进会、中关村协会联席会等，许多企业或企业家也加入了各种社会组织或行业协会，已成为中关村核心区创新创业环境的营造者、自主创新与产业发展的组织者和政府服务企业的帮手，但与硅谷相比，中关村的行业协会、社会组织普遍存在服务能力有限、服务质量不高、可持续发展能力不强的问题，在构建区域创新网络中的桥梁纽带作用发挥不充分。

四、人居环境

与硅谷指数一样，硅谷地区相关政府不仅关注科技创新，更关注与创新人才日常生活密切相关的就业、收入、住房、交通、环境等民生指标，强调社会和谐、生态良好的可持续发展，把创新视为一个庞大的系统，确保这个庞大系统里面各种要素、各项指标都要服务于区域的创新。在硅谷，地方政府在公共环境营造和维护方面发挥了主要作用，硅谷有四通八达的路网、优质的学校、良好的医疗条件、风景如画的自然环境，以及强大的治安系统。如 1976 年以来，加州通过建筑节能和电力需求管理，成功实现了人均耗电量保持不变，受到世界关注。硅谷地区的居民钟情于电动汽车，自 2014 年以来，硅谷电动汽车充电插头数量增长了两倍，2018 年达到 330 个。2010 年至 2018 年，加州累计向硅谷电动汽车用户发放超过 4.8 万份（占加州的 18%）的电动汽车补贴，累计接近 1.1 亿美元。2018 年硅谷地区住宅和企业共安装了 481 兆瓦的太阳能发电设施。2011 年加州推行绿色建筑规范标准，促进大幅度节水节能和改善室内空气品质，预计到 2020 年加州将实现最终减少 25% 的温室气体排放的目标。总之，硅谷地区政府在绿色节能发展等基础设施方面的投入和建设是硅谷居民选择绿色节能环保出行和生活方式的基础，也为加州未来建设绿色城市、居民推行城市绿色生活方式奠定了基础。

对比硅谷，中关村核心区不仅公共基础设施相对落后，区域内部发展也极不平衡，绿色节能环保方面的措施不足，公共服务资源配套也相对紧张。高端人才关注的子女教育、医疗卫生、居住环境等配套服务也面临“价高质不高”的严峻考验。比如，硅谷地区儿童学前教育大多选择上私立学校，2018 年硅谷地区儿童学前教育费用平均为 1.53 万美元，占单个居民收入的 15% 左右；如果按单个居民收入的 15% 用于儿童学前教育，海淀区的儿童学前教育费用将是 1926 元/月，但事实是，海淀区私立幼儿园的花费明显要高于这个水平，普通私立幼儿园的托费基本都在 3000 元/月以上，高端私立幼儿园的托费基本都要双倍以上。特别是随着北京房价、教育医疗等显性生活成本和购车购房资格等隐性生活成本的上升，中关村核心区科技企业的用工成本和创业者生活成本普遍上涨。此外，频繁光顾的雾霾、交通拥堵等问题降低了中关村核心区对外籍人才的吸引力。比如，最近10年来，“魅力中国——外籍人才眼中最具吸引力的中国城市”的评选结果中，上海连续七年夺冠，而北京一直无法成为外国人眼中最吸引人的城市，一方面的原因在于上海出台了许多“人才政策”，另一方面的原因则在于北京人居自然环境较差，影响了北京对人才的吸引力（见表8－9）。

表8－9　魅力中国——外籍人才眼中的中国最具吸引力排名

排名＼年份	2013	2015	2018
第1名	上海	上海	上海
第2名	北京	北京	北京
第3名	天津	杭州	合肥
第4名	广州	深圳	杭州
第5名	深圳	天津	深圳
第6名	厦门	青岛	苏州
第7名	南京	苏州	青岛
第8名	苏州	广州	天津
第9名	杭州	厦门	西安
第10名	青岛	济南	武汉

资料来源：作者搜集和整理。

第九章　中关村核心区发展面临的问题和挑战

中关村核心区发展虽然在全国处于相对领先的地位，但与其他区域发展一样，其发展过程中，不可避免地面临一系列问题和挑战。中关村核心区发展面临的问题，主要是发展阶段的问题，但是这些问题直接影响未来中关村科学城建设目标的实现以及所能达到的层级；国际、国内以及区域自身环境也处于不断变化之中，这些确定的或不确定的变化也将为中关村科学城建设和发展带来一定的挑战。以下对中关村核心区发展面临的问题和挑战进行梳理。

第一节　中关村核心区发展面临的问题

从统计数据看，海淀区 2018 年地区生产总值高达 6479.5 亿元，同比增长 7.7%，高出北京市 6.6% 的经济增速 1.1 个百分点，为北京市乃至全国树立了经济发展的标杆。不过，这些发展成绩无法帮助海淀回避科技创新和高质量发展面临的一系列突出问题，主要表现为：

一、空间资源约束强，商务成本高

海淀土地资源有限，许多商业用地在前期就以较低的价格出售给企业或个人，政府可支配的土地资源少，用于发展新产业的空间也不足，虽然许多企业愿意落户海淀，但碍于土地约束，纷纷转向区外，如近两年刚落户海淀的科大讯飞北京总部如今已在朝阳购地，不久将迁往朝阳。总体上，海淀高科技企业除了面临北京大城市病带来的交通拥堵、落户难等问题，还表现为：①商务成本高。海淀科技企业面临的商务成本远远要高于全国平均水平，中心城区老化的楼宇办公日租金仍然能达到7元/平方米左右。②楼宇更新与产业业态升级调整慢。区域众多楼宇建筑无法跟紧区域发展定位和发展需要：一方面，楼宇老化严重，如北下关80%以上的楼宇楼龄在15年以上，许多楼宇对外招租时声称高端楼宇，实际并不高端；另一方面，受国家政策、楼宇权属等原因，推动楼宇更新与业态调整的步伐很慢，如近几年，中关村西区大力推动业态调整与升级，但鼎好大厦目前仍有大量电子商贩聚集。据许多街镇政府反映，他们与区域内楼宇业主和企业联系不紧密，也无法深入地推进城市更新。实际上，区域内许多楼宇产权属于私有企业或个人，他们只关心楼宇能否招租，并不热衷于改善楼宇办公条件或营商环境。

二、各种隐形壁垒或分割仍然存在，资源流动不充分

因为制度原因导致的各种壁垒形成了不同部门、领域的分割的现象在我国各地普遍存在，海淀区也不例外。一方面，虽然海淀区拥有很多高校、科研机构，还有很多驻区军队、部队机构等，但是这些机构一般归属于国家或中央单位直管，不属于海淀直接管辖，这种制度的因素导致这些机构与海淀地区的经济、社会发展并没有融合起来，相反地，几乎都处于相互独立的状态。比如，海淀区虽然有33所高等院校，但是基本都直属教育部或北京市管辖，高校与当地政府和企业之间的桥梁一直没有搭建起来，导致地区政产学研合作一直无法深入开展，高校在海淀区创新发展过程中应有的作用也没有充分发挥出来，清华大学、北京大学与海淀区创新发展的关系远远不如斯坦福大学、加州大学伯克利分校与硅谷的关系。另一方面，海淀土地面积430.8平方千米，扣除规划内限制开发或禁止开发的，实际的商业或产业用地并没有那么多。同时，虽然处于北京中心城六区

之一，但是横跨三环、四环、五环、六环，有中心老城区、城乡接合部以及农村，这些不同城市形态处于不同街镇，地区发展极不平衡，有的街镇产业集中，有的街镇没有多少产业或者产业层级相对杂而低（如海淀山后地区）；又由于历史和制度的原因，各街镇之间发展差距大、公共服务水平参差不齐、资源流动弱，各种有形的和无形的壁垒阻碍着整个地区向统一的目标推进，而当前海淀的目标是聚焦中关村科学城，建设具有全球影响力的全国科技中心。因此，能否打通各种形式的壁垒，将区域内的高校、科研机构、军队等资源优势充分发挥出来，同时，不同地域、街镇的相关部门朝着统一的目标抱团，构建海淀新型城市形态，达到全区域全领域的覆盖，将海淀的创新活力充分激发出来，关乎着中关村科学城建设的成败。

三、创新氛围不浓，良好创新文化尚未形成

硅谷成功的一大关键因素在于拥有良好的创新文化与氛围，这种文化与氛围不仅存在于企业内部，而且存在于区域的各个领域，包括社会和家庭，贯穿一个人成长的各个阶段。相比之下，中关村核心区目前的创新行为主要存在于企业内部和高校、科研机构内部，但是创新氛围的社会外部化并不明显，特别是城市层面的创新氛围营造尚未形成，全社会鼓励创新的文化也并未真正起步。比如，在政府管理层面，多数部门的服务和管理并没有突出区域科技创新中心核心区特色，还停留于传统的、一般化的区域管理观念。在硅谷或美国的教育理念中，表达、创新、批判、争论等能力培养是重要的教育理念，而中国教育更多停留于应试教育层面，更多停留于总结、归纳、理解、拓展能力的培养，创新能力的培养尤其不足。这些方面都是影响创新的重要因素，未来中关村核心区在区域创新氛围与创新文化的营造方面，仍然有较大的提升空间。

四、创新层级不高，原始创新和前瞻性创新突破能力不强

区域内的高校、科研机构的优势没有充分挖掘出来，“城教分离”或“产教分离”较为严重，高校和科研机构在区域内形成了相对独立的主体，与区域内其他主体之间的联动性差。同时，区域内的许多驻区军队与区域内其他主体联动性也差，区域不同主体联合创新的程度并不高。再加上高校和部队院所一般都属于国家全额拨款单位，相关人员没有太多的动力进行原始性的创新，或者对创新的方向并不敏锐，导致中关村核心区内的原始创新或重大创新并没有取得太大突破。虽然企业有动力进行创新，但主要还是在逐利的驱动下从事应用型的创新。因此，海淀虽然有许多高校、科研机构、军队大院大所，但是原始创新能力并不突出。近几年来，海淀区布局了不少创新研发中心，包括石墨烯研究院、量子研究院等，创新投入巨大，但是这些平台在真正激发原始创新或国际前瞻性创新方面，仍然需要建立更完善的制度和激励政策，并且是否真正能够产生长期效果，还需要进一步接受时间的考验。

五、高端产业发展后劲不足，产业结构层级不高

从海淀区的40家独角兽企业所属行业看，海淀区独角兽企业主要集中在文娱传媒和人工智能方面，这些行业的发展也是基于海淀区过去逐步积累起来的互联网信息产业的基础。海淀未来的发展方向主要集中在大信息和大健康方面，可以说信息产业的发展为海淀未来产业发展方向奠定了基础，但是发展方向过粗过广导致核心区在细分行业领域并没有形成国内绝对优势。比如，海淀区有不少从事人工智能业务的独角兽企业，人工智能产业也是海淀区正努力培育和发展的目标产业，但是目前核心区从事人工智能、自动驾驶等行业企业较多停留于应用层面，真正深入基础层面研究的企业和机构并不多，加上产业空间的束缚，海淀要在这些行业领域取得大突破、占据全球或国内高点的难度较大。同时，海淀区虽

然有科技资源优势，但是在生物医药、生物科技方面的积累不足，虽然能够联合昌平生命科学城产业优势，但区内原先从事这类业务的企业少，一时难以形成合力，而生物医药、生物科技无疑是未来大健康产业最核心、最尖端的行业领域，因此，缺少这方面的积累将影响未来海淀区大健康产业方向所能达到的层级。

六、产学研合作不深入，协同创新层级不高

虽然海淀聚集了大量国内顶级的高校、科研院所，也有大量的高端人力资本要素积累，但是在利用这些优质要素服务于产业发展方面，显得尤其欠缺，尤其是高校与企业之间的联动性较差，限制了海淀科技创新所能达到的能级。根据国际经验，著名高校是一个区域能够发展成为科技创新中心的必要条件，并且区域在全球科技创新中能够达到的影响力层级与高校知名度紧密相关。前面已提到，因为制度等原因，高校、科研机构，包括各类军队，在海淀创新发展过程所应发挥的作用并没有充分显现出来。另外，海淀虽然拥有许多高端人才资源，但是这些高端人才资源并没有充分服务于本区的发展，比如，在海淀区工作或居住的科学家院士达到605名，占全国1/3以上，但是这些科学家或院士更多的仅是在海淀居住，真正与海淀创新有较大关联的并不多。同时，海淀区拥有的高校和科研机构达百家以上，这些高校和科研机构不乏有很多知名专家、学科带头人，如何将这些人才资源优势真正地发挥出来，如何更好地推动区域内的高校、科研机构与企业进行产学研合作，如何在体制机制上进行突破是难点，但也将是实现为海淀科技创新赋能的重要途径。

七、城市配套服务较差，城市科技感和文化感不强

创新活跃的区域必然是高素质人才和大量年轻人聚集的区域，往往也产生了多元化的消费和服务需求。海淀整个区域的城市配套服务发展方面相对较弱，特别是北部地区消费服务配套水平差，远远满足不了创业者们的需求，这也削弱了

区域对企业和创业者们的吸引力。如软件园虽然作为区域内最先进的科技园区，但周边商业配套服务差，远远无法满足园区企业员工日常工作和生活所需。目前，海淀非首都功能疏解腾退的空间更多规划为产业用地空间，在改善区域配套服务方面的项目布局过少，随着国内其他区域交通、配套等各种基础设施和服务的改善，海淀对科技企业吸引力的相对优势将减弱。

海淀虽然作为科教文化大区，但在城市形象、街巷面貌方面，没有充分体现出区域的科技感和文化感。同时，城市管理手段整体落后，如每个街道成立的流管办，下放大量人员进行区域实有人口的登记，既耗时耗力，收集到的数据还不一定可靠。总的来说，海淀行政与管理方面的改革创新远远跟不上市场、企业和科技创新发展的步伐，导致城市外观和城市管理科技感、文化感不强。

专栏：

2019 新型冠状病毒疫情防控与城市管理

2019 年底，武汉暴发了新型冠状病毒引起的肺炎，迅速蔓延至全国，几乎无一城市幸免。此次抗击疫情，不仅是各地对疫情响应速度的较量，也反映了不同地方城市管理和疫情防控手段的差异。

在防疫过程中，海淀区迅速响应，采取严格的防控措施，在小区安排驻区干部、街道、居委会、保安、志愿者五方人员对小区出入人员进行严格排查，对进京人员进行审查、登记和要求居家隔离安排等。在防疫执守过程中，海淀区安排作者所在单位参与八个小区的执守任务，包括学院路街道和永定路街道的各四个小区。作者在参与小区执守的过程中发现，这些小区利用到的科技手段极少，值守的前 3 个月，除了让进京人员进行微信扫码进群登记外，几乎没有其他应用于小区管理和防疫的科技手段，主要依靠强有力的人员安保措施对小区进行排查和管理。

相比之下，南方部分城市，甚至在农村地区启动了智能机器人人脸识别系统、直升机语音播报并对区域人员活动进行拍摄；而北京包括丰台在内的许多老旧小区平时早就设置了用于小区人员出入管理的人脸识别系统，配合人脸识别和少数的人员执守对小区出入人员进行排查。相比之下，我们在海淀执守的八个小区，均尚未安装小区人脸识别系统。

抛开小区采取科技或智能防控的效果，从上面比较中，不难看出，虽然海淀区属于科技大区，科技发展走在全国前列，但是城市管理的科技化利用水平实在不高，科技成果实际应用于城市管理水平较低，特别在小区管理中，科技化手段的利用并不高。

第二节 未来建设中关村科学城面临的挑战

随着科技创新全球化趋势的盛行，区域创新发展越来越受到外部环境变化的影响，中关村核心区建设中关村科学城也将继续面临内外部环境变化的挑战。

一、国际形势复杂多变，尤其近几年中美关系跌宕起伏

随着科技创新全球化的进行，区域经济发展受复杂多变的国际环境和国际关系影响越来越大，尤其是中美贸易关系对北京科技创新发展有着重要影响。美国是北京市最大的商品贸易对象、第二大技术来源国以及从海外引进高层次科技创新人才最多的国家。频繁发生的中美关系的紧张影响着我国科技创新的发展，尤其是中关村核心区作为科技创新水平较为发达的地区，中美关系的变化无疑将导致区域的科技创新受到很大的冲击。长期以来，北京科技创新发展得益于西方国家，尤其是美国在技术、人才、投资、科技创新体系等方面提供的许多先进要素和管理经验，如果国际形势发生变化，尤其是中美贸易关系的变化，中关村科学

城建设可能受到的影响如下：

第一，对外贸易将遭受较大的冲击。国际形势变化不仅影响区域产品的出口，包括软件外包、金融服务、商务咨询等，还可能影响中关村核心区科技服务贸易的进口。中关村科技创新对高技术产品的依赖程度较高，如果国际形势发生变化，其他国家极有可能限制更多的高新技术产品出口到我国，那么核心区相关机构的高端科研仪器设备和生产装备采购将面临断供的威胁。

第二，高精尖产业技术的部分来源渠道将被切断。以中美技术贸易为例，据统计，在技术出口方面，2016 年北京市技术出口美国的合同登记数为 158 个，合同金额为 56849.2 万美元，占全市技术出口合同总额的 9.71%，技术费为 56849.2 万美元，占全市技术费的 14.44%。仅次于中国香港，美国是北京第二大技术出口对象。在技术引进方面，北京市从美国引进技术的合同数为 105 个，合同金额为 50863.6 万美元，占全市引进技术合同总额的 23.55%，技术费 48297.4 万美元，占 24.58%。[①] 美国仅次于韩国，为北京第二大技术引进国（见表 9－1）。不可否认的事实是，美国硅谷、波士顿 128 公路等科技创新中心长期以来是北京信息技术、生物医药等行业技术、人才、资本等先进要素和商业模式的主要来源地。如果中美贸易形势发生变化，中关村科学城高精尖产业将丧失部分技术来源渠道。

表 9－1　北京市技术进出口合同登记情况

项目 / 国家或地区	技术出口登记			技术引进登记		
	合同数（个）	合同金额（万美元）	技术费（万美元）	合同数（个）	合同金额（万美元）	技术费（万美元）
中国香港	99	190867.0	82476.0	18	4116.1	11728.2
美国	158	56849.2	56849.2	105	50863.6	48297.4
德国	26	24020.5	24020.5	75	37512.9	36635.7
日本	146	22374.3	22374.3	74	15563.2	8958.8

① 数据来源：《北京商务年鉴 2017》。

续表

项目 国家或地区	技术出口登记			技术引进登记		
	合同数（个）	合同金额（万美元）	技术费（万美元）	合同数（个）	合同金额（万美元）	技术费（万美元）
新加坡	30	18643.8	18643.8	8	4244.5	2760.8
韩国	33	11728.2	11728.2	137	51576.5	51576.5

资料来源：《北京商务年鉴2017》。

第三，外资企业大规模撤资的风险。中关村核心区目前已吸引了一批外国知名科技企业设立区域性研发中心，如微软、英特尔等，也引进了一批外国大型生产制造企业在北京设立区域性投资管理中心。如果中国与某个国家的关系发生变化，这些外资企业分支机构与本土母公司的业务联系将变得更加困难，由此将引发企业大规模撤资，也可能带动其他发达国家的企业跟进撤资。

第四，科技交流和引进海外人才的计划将受阻。美国是北京市开展国际科技交流最为频繁的国家之一，是北京市引进海外归国人才最多的国家。据调查，北京高校归国留学人员中，从美国留学回来的人数占比接近30%（北京高校归国留学人员研究课题组，2017）。近年来，中关村核心区相关单位通过国家“千人计划”、海聚工程等项目从美国引进一批科技领军型人才，带动一批高精尖产业项目和重大科技专项的开展。然而，如果中美贸易摩擦升级，中美两国科技交流将受到限制，美方科学家因担心被审查而不愿意来华参加学术交流活动；同时，中关村核心区引进海外人才计划也会受到较大的影响，特别是美籍华人因顾虑到美方的跟踪调查而降低了回国创业的意愿。

第五，在外经营活动和资产安全将受到严重威胁。目前，中关村核心区已有一批企业赴美上市，这些企业多是中央企业和科技公司，又是北京市纳税大户、科技创新的市场主体，极易受美国资本市场和美国政府政策影响。同时，有不少企业赴美国或其他国家投资，特别是并购有技术积累的科技公司。比如，2004年联想集团收购了IBM的个人电脑业务；又如，2016年以北京闪胜投资有限公司为代表的中国资本联合体完成对美国芯成半导体有限公司的收购。如果中美关系发生变化，美国政府极有可能采取“点杀”“封杀”“堵杀”“狙杀”等手段，制定周密的“一企一策”制裁计划，将核心区央企、科技公司及其高管人员列入制裁名单，这些企业在美的正常经营活动将可能部分停止甚至终止，境外资产可能被查封。

二、国内区域环境变化

除了国际环境复杂多变，国内区域环境也在发生变化，尤其是区域间科技创新发展的竞争关系日益形成，区域科技创新发展不断地进行地位洗牌，中关村核心区能否在未来发展中保持区域创新的竞争力，也面临着巨大的挑战：

第一，其他区域产业、人才政策优势相对提升。从改革开放初期以来，得益于国家给予中关村的系列先行先试政策，中关村核心区逐渐发展成为我国创新最为活跃的区域。随着区域的发展，区域产业空间逐渐饱和、产业和人才政策可提升的空间逐渐减少，中关村核心区相对于国内其他区域（甚至包括京内外区）在营商环境、产业政策、产业空间、人才政策等方面的优势逐渐削弱，导致企业外迁明显，大量企业仅仅把研发或营销总部放在本区域，实际的中间制造环节或一般产业链环节布局于京外，如北斗星通、利亚德等中关村核心区企业均已在京外设立生产基地。这将导致的一个潜在风险是，随着企业规模的扩大，以及中关村核心区所能给予的企业优惠政策的减少，企业可能被地方所能给予的一些优惠政策吸引走，现实已经不乏这种企业外迁的案例。

第二，区域竞争关系的集中点发生了变化。过去区域的竞争更多集中于招商引资的竞争，但是目前区域的竞争不仅存在招商引资竞争，还存在招揽人才、招揽高端资源要素的竞争。最近三年来，国内一、二、三线城市陆续引发了数轮的“抢人大战”，西安通过出台系列开放人才吸引政策，已经初见成效。随着越来越多的城市注意到人才引进的重要性，更多城市加入了“加码引才”行列，包括深圳、南京、广州、海口、常州等国内一、二、三线城市也陆续出台人才政策引才。为了呼应地方的抢人大战，北京市也出台了高层次人才吸引政策，但从这些“抢人”政策的比较中不难看出，北京市已经没有太多普惠政策可以适用于普通人才，2019 年 5 月首都之窗发布的《关于开展 2019 年度通州区人才公寓配租工作的通知》，规定诺贝尔奖获得者可享最高 100 平方米租金减免，引发国内一片争议，随着北京营商成本和生活成本的提升，北京在人才引进政策方面与地方相比，能够出台具有实际吸引力的政策难度较大。

另外，由于空间约束，中关村核心区也无法再通过给地给房的方式招揽高端要素，而国内的许多一线城市目前仍然可能通过此方式来招揽高端要素资源。比如 2011 年以来，山东青岛市配套出台了一系列支持政策，超前布局、主动谋划，努力营造“大学城”的氛围，计划到 2020 年引入 50 所国内外知名大学，可谓引爆“大学抢夺战”。目前北大、清华、哈工程、复旦等 29 所院校或与青岛签署协议，或是落地生根，如中国海洋大学、青岛大学和青岛农业大学等均已在青岛拥有校区。

不难想象，如果地方都按照这种节奏引人聚才，中关村核心区虽然目前有高校和产业的优势，但是在地方强力追赶和竞争之下，中关村核心区资源、人才各类优势将逐渐削弱，中关村科学城建设动力有限，区域创新竞争力将面临下降的风险。

第三，京津冀协同发展继续推进，中关村核心区部分高端资源、高尖精产业、城市功能面临转移和流失挑战。京津冀协同发展是一项国家战略，北京市无疑在这项大的战略中，要起到服从服务协调的作用。在京津冀协同发展中，通州城市副中心和雄安新区作为北京的“两翼”，要集中承接北京非首都功能疏解。通州城市副中心除了承接北京部分行政机构，还可能集中承接中关村核心区部分功能，包括中国人民大学、清华大学五道口金融学院均已到通州建立分校区；同时，雄安新区在建设与发展过程中，将集中承接北京疏解的部分高端要素资源，这些高端要素资源与海淀区现有的高端资源要素同构性较高，因此，中关村核心区面临部分功能疏解的趋势几乎无法逆转。部分高端资源要素的转移对中关村科学城的建设而言，机遇和挑战无疑并存。机遇是中关村核心区可能通过部分产业空间的腾退和转换提升产业结构，推进产业升级，并进一步推进核心产业做强；

挑战是中关村核心区在产业腾退与置换过程中可能面临产业流失却吸引不到高端产业的风险。比如，近几年来，中关村海龙和鼎好大厦进行空间腾退之后，却迟迟无法引入高成长性的量级企业，产业空间质量也没有太大的提升。

第四，突发公共事件也为区域发展带来一定的挑战。相比人口流动较少地区，海淀区是京外人员流入较高的区域，同时也是国内高校集聚区。这种人员高度流动和高度集聚的特殊性，对区域公共突出事件的防控提出更高的要求。比如2003 年“非典”、2019 年新型冠状病毒引起的肺炎，海淀区都受到较大影响，此类公共卫生事件使得区域发展面临较高压力和不确定性。因此，除了城市治理水平的提升，突发公共事件的处理和处置也将影响中关村科学城建设的速度和质量。

三、区域内部环境的变化

除了国际国内环境的变化，中关村核心区内部环境的变化也使得中关村科学城建设面临一定的挑战，主要表现在：

第一，持续走高的营商成本增加了高科技企业负担。2008 年以后，北京市房价持续走高，有的机构估计 2008—2018 年十年间，北京市房价相差高达 5 倍左右，2008 年 1 月北京市房屋均价 12479 元/平方米，2018 年 1 月均价则为62957 元/平方米，是国内一线城市涨幅最高的城市之一。与许多一线城市一样，持续走高的房价无疑增加了企业的营商成本，不仅体现在住宅价格上涨后，产业用地价格也跟着上涨，企业除了要支持更高的商务成本外，还要支付更加高昂的用工成本，这是因为企业员工居住成本上涨非常显著。这导致中关村核心区企业越来越偏向于将产业链庞大的中间一般环节布局或转移至京外，而在京内更多布局研发和营销环节，以降低企业生产成本。

第二，城市转型与城市更新面临制度和理念方面的挑战。虽然区域发展建设较早，但海淀城市建设和管理的理念并不先进。中关村科学城的建设无疑又强调“科学 + 城”的理念，除了科技创新，还要围绕科学的理念来建设城市的环境，改善城市面貌。中关村科学城建设在“城”的建设上，不仅需要改善城市硬件条件，而且需要推翻原先的城市管理制度和理念，提升城市服务水平，需要打破各种条条框框的约束，这无疑对海淀区政府领导和部门来说是一项大的挑战。

第三，自然环境方面的考验。与南方气候不同，北方气候冬长夏短、四季分明。北京西部太行山余脉的西山、北部燕山山脉的军都山阻隔，西北面群峰叠嶂，东南面相对平坦，从而形成一个扇形平原地带，而北京刚好处于这个平原地带的中央，这种地理位置决定了冬季一旦有微弱的东南风进入，便会成为雾霾“聚会”的天然港湾，不利于雾霾的消散。虽然北京有雄厚的高端资源、城市富庶，但是雾霾似乎成为北京老百姓在享受这些发展福利时必须面对的一个制衡点。不难想象，随着人类对美好自然环境需求向往的提升，雾霾将成为中关村科学城建设当中，中关村核心区必须要面对但一时又无法解决的一项棘手挑战。

第十章　主要结论和政策建议

本章我们将重点阐述前文得出的几大关键结论，在此基础上，针对中关村核心区发展现状和中关村科学城建设目标，提出政策建议。

第一节　主要结论

本书通过对硅谷指数的研究，构建中关村核心区创新发展评价指数，进而对中关村核心区创新发展水平及其变动趋势进行分析，并与硅谷进行比较，得出一系列发现。具体包括：

一、应当“跳出科技看创新”

本书从硅谷指数受到一系列启发，尤其是“跳出科技看创新”的思维方式。创新是一个大的系统，除了应当关注创新本身，更应当关注支撑创新的那些基础性要素，尤其应当关注人的发展。硅谷从人口、经济、社会、空间、社会管理等方面对硅谷进行全面性的报告，搭建起一张创新的网络，从这张创新的网络不难看出，一个区域的创新发展离不开这张创新网络下的各种要素，因此，海淀未来建设全国科技创新中心核心区和中关村科学城，应当从长远目标考虑，借鉴和学习硅谷的成功经验。

二、中关村核心区创新水平总体呈现较快增长

本书通过构建中关村核心区综合评价体系，并对各级指标进行汇总，得出的综合指数均出现较大幅度的增长。总体上，中关村核心区 2018 年的综合创新水平是 2010 年的 4. 27 倍。由此可见，自中关村国家自主创新示范区批复以来，中关村核心区的综合创新水平显著提升。

从二级指标上看，中关村核心区创新环境指数、创新活力指数、企业竞争力指数增幅更加明显，这三类指数 2018 年的水平均在 2010 年水平的 4 倍以上，这主要得益于中关村核心区孵化器数量的扩张、专利申请和技术合同成交额的上升，以及企业上市或挂牌等。虽然 2010 年以来，中关村核心区在创新人才、产出效率、创新活力等方面也均出现明显增长，但是增幅较小。其中，2018 年的人才发展指数为 2010 年的 3. 02 倍，而且更多是依赖于区域从业人员和留学归国人才数量的扩张，而非人才结构优化或人才整体素质的提升。与此同时，中关村核心区产出效率和国际化指标增长也相对较缓，2018 年分别是 2010 年水平的 1. 88 倍和 2. 80 倍。

三、中关村核心区创新发展需要内外动力同时推进

从本书构建的中关村核心区创新发展评价体系来看，中关村核心区要提升创新发展水平，需要内外同时推进，不仅需要提升中关村核心区创新发展的内在动力，也需要依托北京市、国家乃至全球良好的、有助于创新的环境。尤其需要从国内外引入行业顶尖人才，以更好地支撑核心区创新发展。同时，2018 年美国引发了中美贸易摩擦，但是中关村核心区国际化指数非但没有下降反而出现较快增长，这说明全球化的趋势不可逆转，各国应当共同维护良好国际关系和贸易环境，以达到多方共赢。

四、中关村核心区仍然与硅谷具有较大差距

虽然中关村核心区整体创新发展水平不断提升，但是与硅谷比较，仍然有较大差距。这些差距表现在多个方面：

在产出方面，硅谷的人均产出几乎是中关村核心区的 5 倍以上。在人才方面，中关村核心区在人力资本水平、人才多样性、人才流动性与人力资本积累等方面，与硅谷产生较大落差。在创新支撑要素方面，海淀的高校在我国名列前茅，但是高校层级与硅谷相比差距较大。资本市场和风险资本市场完善程度也远远不如硅谷。在企业实力和竞争力方面，中关村核心区企业真正能够称得上占据世界舞台的并不多，相反，硅谷培育出了大量世界级企业，达到了对全球整个行业发展的创新引领力和市场垄断能力。在产学研协同创新中，硅谷已经形成了完善的产学研协同创新体系，产学研协同创新主体能够实现无缝对接、无摩擦自主运转。相比之下，中关村核心区不仅产学研协同创新链条不完善，而且不同协同主体之间融合发展程度不高，产学研协同创新的广度和深度远不及硅谷地区。在创新环境方面，硅谷的创新氛围不仅体现在创新硬环境的建设，更体现了对创新软环境的营造；而中关村核心区在这方面仍然有较大差距，一方面，政府对创新环境的建设和投入仍然不足，另一方面，微观主体鼓励创新的内生动力尚未形成。

第二节　政策建议

综合本书研究，我们得出了一些重要的研究结论，根据这些结论，以及结合当前海淀区“两新两高”战略和中关村科学城建设目标，我们提出提升中关村科学城建设的一些建议，以更好地推动区域经济高质量发展和城市的高品质建设，这些建议包括：

一、借鉴硅谷指数，完善中关村科学城发展统计指标体系

从本书的研究可以看出，硅谷指数是一个庞大的指标体系，这个指标体系紧紧围绕创新主线，涵盖了人口、经济、社会、空间、城市管理等多个方面，每个方面均涉及大量指标，但是这些指标的意义不仅仅是描绘单个方面的内容，而是紧紧与创新主线紧密联结在一起，从而达到“跳出科技看创新”的效果。国内的区域都希望学习硅谷，但是有哪些区域学习硅谷对数据的完善统计？对于中关村核心区，硅谷指数已经向我们提供了一个很好的借鉴，应该学习硅谷指数的构建思路，构建中关村科学城发展统计指标体系，这个指标体系的内容要超越简单的经济核算，并远远超过本书构建的中关村核心区创新发展评价体系，应当围绕创新主线，包括人才、经济、环境、城市管理等多个方面。另外，在建立完善的统计制度基础之上，加大对区域数据的分析、研究和发布，甚至可以成立或委托专业的机构来定期发布中关村科学城数据和研究报告，让更多的人参与研究中关村科学城，推广区域品牌。

二、了解创新的内涵，正视区域创新的本质

硅谷指数主题是创新，内容却涉及整个区域经济社会发展的各个方面，这正是体现了美国对于区域创新发展的理念，及其对创新基础性支撑要素的重视。与其说硅谷指数是在向全世界人民展示科技创新成果，不如说它是在向人们展示美国人民对于区域创新发展的理念，而且这种理念也是支持硅谷走向成功的关键原因之一。这些理念包括开放、包容、多样、极致等，并且注意到创新是一个大的网络系统。硅谷指数不仅关注科技，也关注与区域创新相关的任何要素，包括人口、经济、社会、空间、城市治理等，并且对它们的研究和分析做到极其细致。这无疑在传递一种信息，那就是创新绝不仅仅是简单的科技进步，更重要的是人才是否发展、环境是否改善、社会管理是否进步，全社会是否努力形成一种积极

向上、崇尚创新的氛围。比如，绿色低碳对一个区域的创新有什么直接的作用？而硅谷却把它当作很重要的一个指标在做，而且州政府设立了非常严格的计划与目标，且不论它对于科技创新的直接效果如何，但是它从区域层面上，努力营造了一种追求创新、追求进步和追求美好生活环境的氛围。由此看来，对于中关村核心区，我们应当更加深入地了解我们所追求的区域创新的本质，创新不应当是简单地衡量科技成果数量快速增长，抑或是企业研发的投入和产出效果，而应当是一个庞大的系统，这个系统包括企业、人才、城市空间、城市治理等各个方面的内容，因此，应当构建“大创新”的思维。

三、加大引人聚才力度，区域的发展围绕人的发展作文章

硅谷的一大关键特色是人才的多样性和流动性，来自世界不同国家的顶尖人才是硅谷发展的第一原动力，同时也体现了对区域人才的吸引力和包容性。反观中关村核心区，中关村核心区的人才主要还是基于国内高素质人才的集聚，而且2010年以来，中关村核心区人才发展指数的上升更多得益于人才数量的扩张而非人才结构或人才素质的整体提升，为此，有必要加大区域引人聚才的力度，尤其是加大对高精尖人才的引进力度，争取引进一批世界级顶尖科学家、工程师人才，带动整个区域人力资本水平的提升。另外，在现有人才资源的基础上，应当增强区域对人才发展的包容性，紧紧围绕服务好人才作文章，即政府管理层面应当不时地完善和思考“怎么样留住高素质人才”以及“怎么样让现有的这些人才工作和生活得更美好”等问题。应当深刻认识到区域的发展实际上是人的发展，只有人发展得更好了，区域才能更好地发展，因此，应当深入实际地了解不同群体在本区域工作和生活遇到的问题，并采取相应的措施以最大限度地挖掘人才发展的潜力。

四、推进“城教融合”和“产学融合”，提升大学和科研机构对区域发展的推动作用

硅谷的另一大特色是产学研协同创新程度极高，高校在区域创新发展中的作用极为突出，高校与区域之间形成了互利共赢的格局。中关村核心区并不缺乏高校或科研机构，但是高校与城市的融合、高校与产业的融合发展程度并不高，特别是许多高校作为教育部直接管辖单位，与海淀区城市发展几乎没有直接或特别的联系。为了建立起城市与高校互动关系、产业与高校的关系，可以考虑围绕一些重点高校周边做文章，在一些理工科院校内部或周边打造适合年轻人交际交流的创新复合体，这种创新复合体应当是包括大学、教授、科研人员、创业者们能够充分交流、合作的开放式空间，方便高校大学生与社会的联动，与创新的联动。也就是改变目前“高校—城市”相互分割的格局，到依靠创新复合体衔接的“高校—创新复合体—城市”格局，拉近高校和科研机构与城市、产业发展的关系，大力推进“城教融合”与“产学融合”，让其与硅谷一样，成为未来中关村科学城建设的重要推动力。

五、完善城市配套服务，打造高品质城市

创新创业的一个关键特征是大量有创造力的年轻人集聚，一个区域没有年轻人就失去了活力。年轻人除了有事业的追求还有生活、娱乐、交往等种种多样化的需求，简单言之，他们同时兼具生产力与消费力。中关村核心区作为创新活跃区域，目前集聚了大量有活力的年轻人，比如中关村软件园近 8 万人的软件工程师平均年龄仅为 29 岁。为了满足区域内年轻人生产与消费需求，需要逐步完善城市配套服务，比如打造以时间或空间距离为目标的“创业 + 生活”生态圈，以实现区域发展的自我良性循环，保持区域永久生机活力。这种“创业 + 生活”综合生态圈可以以五公里或半小时“创业 + 生活圈”生态圈为原则来构建，让

年轻人在较小的地域范围内就能实现工作、生活、休闲娱乐等多种需求。目前中关村核心区的许多科技园区已经由专业运营公司进行管理和运营，许多园区内都有相应的园区生活配套，但是这些配套无法满足职工下班后的城市生活服务和配套问题，这恰恰是需要政府花费精力进行改进和补充的领域。比如，海淀北部历来生活性服务业就发展薄弱、城市公共基础设施较差、交通拥堵问题突出，这需要政府下大力气，努力改善城市品质，这也是体现区域“围绕人的发展作文章”很关键的一个方面。海淀区委十二届九次全会报告提出的高质量发展与高品质城市并不是相互独立的，应积极促进两者良性互动，特别应当注重以高品质城市回馈经济高质量发展。

六、推进政府层面的改革与创新，完善政府服务

创新并不局限于科技或产业领域，应当被应用到各个领域。习近平总书记多次提到“向改革创新要动力”，这种改革创新不仅是对企业和个人层面的要求，更是对政府服务提出更高的要求。为了更好地推进中关村科学城建设，海淀区各级政府需要做出的改革与创新刻不容缓，唯有跟紧市场和企业发展步伐，才能更好地服务企业发展，打造更高品质的城市。应当围绕创新主线，从人口、居住、交通、城市治理等各方向着手，出台“一揽子”政策。这些政策针对科技创新、产业发展、人才服务、城市治理等各个方面，涉及不同行政管理部门的联动，应从区级层面进行统筹与推进，以打破不同政府部门联动少、合作差的格局。应当努力从全区层面形成一种追求创新、鼓励创新的氛围。创新是系统工程，政府除了关注科技创新本身，还应当更加重视支撑创新的各种基础性要素，努力从上到下营造和改善区域的创新氛围和创新文化，从而改善政府服务。

参考文献

［1］阿伦·拉奥（Arun Rao），皮埃罗·斯加鲁菲（Piero Scaruffi）等．硅谷百年史［M］．北京：人民邮电出版社，2014.

［2］北京高校归国留学人员研究课题组．北京高校归国留学人员有关情况调查分析报告［R］．北京教育（高教），2017（12）．

［3］长城战略研究所．硅谷、以色列、中关村链接全球3大科技巅峰［J］．新材料产业，2016（1）．

［4］蔡义茹，蔡莉，杨亚倩，卢珊．创业生态系统的特性及评价指标体系——以2006—2015年中关村发展为例［J］．中国科技论坛，2018（6）．

［5］付信明，张劲松，张文辉．中美典型高技术创新集群的比较分析——以硅谷和中关村为例［J］．工业技术经济，2009（2）．

［6］辜胜阻，李俊杰．区域创业文化与发展模式比较研究——以中关村、深圳和温州为案例［J］．武汉大学学报（哲学社会科学版），2007（1）．

［7］高浏琛．美国硅谷的创新文化［J］．中外企业文化，2004（4）．

［8］盖文启，王缉慈．从硅谷的成功看中国高新区的发展［J］．中国工业经济，1999（12）．

［9］黄国妍，唐瑶琦．美国硅谷的科技金融生态圈［N］．中国社会科学报，2019（3）．

［10］郝莹莹，杜德斌．从“硅谷”到“网谷”：硅谷创新产业集群的演进及其启示［J］．世界经济与政治论坛，2005（3）．

[11] 海淀区委党校课题组．中关村创新发展四十年［M］．北京：中央党校出版社，2018.

[12] 何健文，张金水．国际创新指数对比述评及启示［J］．创新监测与评价，2017（1）．

[13] 贾春旺．打造中国“硅谷”——中关村的开始［J］．北京观察，2017（9）．

[14] 蒋铁柱，杨亚琴．构建完善的科技创新政策支持体系——北京、上海、深圳三地科技创新模式比较［J］．上海社会科学院学术季刊，2001（3）．

[15] 李振国．区域创新系统演化路径研究：硅谷、新竹、中关村之比较［J］．科学学与科学技术管理，2010（6）．

[16] 李向阳．数字经济产业集中度对消费者福利的影响研究［J］．社会科学，2019（12）．

[17] 李萍，唐清泉．中关村与硅谷融资渠道比较分析［J］．中山大学研究生学刊（社会科学版），2011（3）．

[18] 马文喆．中美世界 500 强企业比较［J］．中国商论，2018（7）．

[19] 倪光南．柳传志的“贸工技”耽误了联想 7 年［J］．IT 时代周刊，2005（2）．

[20] 牛冲槐，江海洋．硅谷与中关村人才聚集效应及环境比较研究［J］．管理学报，2008（5）．

[21] 濮春华，史占中．硅谷的创业文化对我国高科技园区发展的启示［J］．未来与发展，2005（1）．

[22] 钱颖一．硅谷的故事［J］．经济社会体制比较，2000（1）．

[23] 乔婧．硅谷指数评价指标体系研究［J］．管理观察，2015（8）．

[24] 陶勇．联想与华为不同战略选择的启示［J］．企业管理，2017（7）．

[25] 吴晓波．激荡三十年［M］．杭州：浙江人民出版社，2007.

[26] 王建国．中关村国家自主创新示范区发展现状分析与国际比较［J］．价值工程，2019（1）．

［27］王核成，宁熙．硅谷的核心竞争力在于区域创新网络［J］．经济学家，2000（5）．

［28］谢家平，孔訸炜，张为四．科创平台的网络特征、运行治理与发展策略——以中关村、张江园科技创新实践为例［J］．经济管理，2017（5）．

［29］谢子远．硅谷银行模式与科技型中小企业融资［J］．创新，2010（5）．

［30］奚飞．美国硅谷银行模式对我国中小科技企业的融资启示［J］．商业经济，2010（1）．

［31］阎光才．斯坦福的硅谷与硅谷中的斯坦福［J］．教育发展研究，2003（9）．

［32］姚冬琴．高端对话之如何打造国家级科创中心：北京中关村、上海张江要对标美国硅谷［J］．中国经济周刊，2015（12）．

［33］张伟峰，王敬青．中关村与新竹科学园发展模式比较［J］．宝鸡文理学院学报（社会科学版），2007（6）．

［34］张英杰，胡炎平，程铭．中关村与张江科技园区的技术转移行为特征分析［J］．商学研究，2017（12）．

［35］朱少鹏，曾刚．基于AHP方法的高新区竞争力指标体系分析——以中关村、张江、深圳高新区为例［J］．工业技术经济，2008（6）．

［36］赵方忠，李焱．中关村与硅谷的创新距离［J］．投资北京，2017（4）．

［37］张克俊．中关村科技园区与美国硅谷的比较［J］．高科技与产业化，2005（8）．

［38］周英豪．中美高科技园区发展模式比较及启示——以中关村和硅谷为例［J］．企业经济，2010（3）．

［39］祝东伟．国外产学研合作典型模式的研究和启示［J］．中国科技产业，2006（12）．

［40］中国经济信息社．中关村海淀园企业国际化新趋势研究［M］．北京：

新华出版社，2019.

[41] Chong - Moon Lee, Willian F. Miller, Marguerite Hancock, and Henry S. Rowen. The Sillicon Valley Edge: A Habitat for Innovation and Entrepreneurship [M]. Stanford University Press, 2000.

附　录

附录一　中关村核心区重点独角兽企业名单（截至 2019 年）

公司	创建时间	行业	估值（亿美元）
今日头条	2012. 7	文娱媒体	750
滴滴出行	2012. 7	汽车交通	450
京东金融/京东数科	2013. 7	金融科技	205
快手	2011. 3	文娱媒体	150
比特大陆	2013. 10	区块链	50
商汤科技	2014. 8	人工智能	40
VIPKID 大米科技	2013. 10	教育	30
优客工场	2015. 4	房产服务	30
旷视科技（face + + ）	2001. 10	人工智能	30
度小满金融	2016. 4	金融科技	29
美菜网	2014. 5	电子商务	28
寒武纪科技	2016. 3	人工智能	27
知乎	2011. 1	文娱媒体	25
金山云	2012. 2	企业服务	23

续表

公司	创建时间	行业	估值（亿美元）
APUS	2014. 6	工具软件	16
地平线机器人	2015. 6	硬件	14. 54
便利蜂	2016. 12	本地生活	14
云知声	2012. 6	人工智能	12
DotC United	2014. 3	工具软件	10
零氪科技	2014. 12	企业服务	10
云鸟配送	2014. 9	物流	10
作业帮	2014. 1	教育	10
转转	2013. 10	电子商务	10
脉脉	2013. 10	文娱媒体	10
Ninebot 纳恩博	2013. 6	硬件	10

注：作者结合胡润、CB Insights 科技部火炬中心和 PitchBook 发布的榜单梳理，截至 2019 年 1 月。不同年份的独角兽企业会发生变化，如有些企业因市场原因退出独角兽企业名单，如摩拜单车、OfO 共享单车等；有些企业因成立时间超过 10 年而退出，如拉卡拉；此外，小米、爱奇艺、美团点评、易鑫金融、趣分期、融 360、朴新教育等以往的独角兽企业已经上市。

附录二　中关村核心区主要经济指标（1988—2018 年）

年份	总收入（亿元）	工业总产值（亿元）	利润总额（亿元）	实缴税费总额（亿元）	出口总额（亿美元）
1988	14. 00	4. 80	0. 10	0. 50	0. 10
1989	17. 80	5. 50	0. 89	0. 70	0. 30

续表

年份	总收入（亿元）	工业总产值（亿元）	利润总额（亿元）	实缴税费总额（亿元）	出口总额（亿美元）
1990	25. 00	8. 70	1. 70	1. 20	0. 40
1991	37. 00	12. 00	3. 50	1. 50	0. 50
1992	60. 00	21. 00	5. 03	2. 30	0. 70
1993	100. 00	33. 30	8. 69	3. 60	1. 10
1994	142. 80	60. 20	7. 96	4. 80	1. 30
1995	219. 51	113. 52	12. 41	7. 35	2. 32
1996	297. 41	145. 81	14. 32	9. 37	2. 52
1997	406. 98	199. 37	11. 03	11. 87	3. 04
1998	661. 73	349. 07	28. 88	19. 60	5. 60
1999	667. 20	322. 50	44. 10	24. 80	4. 40
2000	938. 35	463. 48	57. 90	36. 70	6. 69
2001	1168. 14	552. 84	52. 92	57. 50	6. 05
2002	1416. 64	698. 21	55. 45	66. 49	6. 68
2003	1705. 48	765. 61	90. 81	71. 33	9. 87
2004	2088. 34	836. 74	128. 80	86. 95	14. 15
2005	2485. 33	908. 30	176. 05	112. 16	16. 93
2006	3189. 74	1023. 90	240. 01	150. 35	24. 85
2007	4077. 38	1087. 90	333. 82	194. 26	33. 23
2008	4846. 28	958. 29	324. 82	233. 09	47. 99
2009	5852. 00	1043. 34	509. 66	283. 77	52. 84
2010	7054. 74	1220. 85	533. 84	314. 65	45. 93
2011	8782. 82	1392. 83	708. 92	390. 96	72. 27
2012	10665. 75	1517. 60	822. 36	423. 09	83. 86
2013	12533. 58	1755. 12	938. 42	490. 31	110. 15
2014	14449. 46	2260. 48	1142. 26	522. 02	106. 44
2015	16357. 33	2184. 24	1180. 75	645. 09	110. 85

续表

年份	总收入（亿元）	工业总产值（亿元）	利润总额（亿元）	实缴税费总额（亿元）	出口总额（亿美元）
2016	18355.46	2139.96	1407.89	746.75	74.84
2017	21610.05	2399.30	1579.36	845.09	100.99
2018	23978.50	2246.00	1355.20	904.70	142.90

注：本表报告的为当年价格，数据来自历年《北京海淀统计年鉴》。

后　记

一提起北京的高科技产业，大家都会想到中关村，都会想到海淀，这是因为中关村是从海淀出发的。尽管中关村如今已经拓展到“一区十六园”的规模，但是百度、搜狐、网易、小米、联想、用友、方正等大家耳熟能详的企业都是从中关村核心区成长起来的。中关村核心区是中关村最核心的区域，也是海淀产业发展的核心区域，是中关村创新灵魂之所在。同时，区域也处于不断变化和发展之中，滴滴、小米、今日头条、快手等2010年以后新成立的企业也迅速进入公众视野，逐渐改变着人们工作和生活的方式。可以说，中关村核心区是一片充满创新活力的区域，截至2019年，拥有国家级高新技术企业上万家，独角兽企业超过40家，是我国高科技产业发展的一个缩影，其发展的规律和特点更值得深入总结和研究。

本书的写作是基于一项中关村核心区与硅谷发展指数比较研究的课题完成的。在写作过程中，我一直在两种选择中徘徊：其一是借鉴硅谷指数构建中关村核心区发展指数；其二是构建中关村核心区创新发展指数，然后与硅谷进行发展差距的比较。总之，我想用数据或指数的方式来展现中关村核心区创新发展水平及其变动趋势。但是在学习硅谷指数之后，我不得不放弃第一条选择，因为硅谷指数体系实在太庞大，而现有的中关村核心区数据远远无法支撑我构建与硅谷指数一样的指标体系。不过，硅谷指数确实增进了我对区域创新的了解，同时我也感叹硅谷指数内容之丰富、统计数据之完善、数据分析之透彻、涵盖范围之广泛。因此，我想总结出硅谷指数的一些特点出来，从而有了本书第四章的内容。

有了上述思路后，利用数据构建中关村核心区创新发展评价指数，我希望利用较长时间跨度的数据呈现中关村核心区创新发展变动趋势，同时受硅谷指数对数据分析极为透彻的启发，也对各指标进行了比较全面的分析，由此构思了本书第五、六、七章的内容。

除此之外，硅谷指数向我们传达了许多信息，这些信息主要是围绕硅谷的创新展开的，但是涵盖了人才、经济、空间、城市治理等支持硅谷创新的基础性条件，因此，除了研究中关村核心区创新指数变动趋势外，我们还围绕创新主线，将中关村核心区与硅谷的差距及产生的原因进行了分析，由此撰写了本书的第八章。在分析的过程中，我开始感觉到中关村核心区数据方面的限制，因此不得不从网上寻找一些资料作为补充，不过在资料使用方面，也是努力权衡，在不得已的情况下反复核实才使用。除了上述章节，其他章节的安排主要是考虑到书稿的完整性。

通过本书的研究，我对国内区域创新发展有了更深刻的认识，其中非常关键的一点就是“跳出科技看创新”“跳出科技服务创新”的思路。硅谷指数不仅向我们展示了硅谷科技创新的成果，更多的是在展示与创新相关要素的发展，或者说体现了硅谷开放、包容、极致以及高度追求创新的文化。创新是一个大的体系，不是简单地看科技进步或经济产出，更多的是区域活力和吸引力的体现，而区域活力和吸引力往往是人的发展、科技的发展、经济的发展、社会的发展多种因素共同促进、不可分割的，这些要素是否共同发展与区域创新所能达到的层级密不可分。因此，能否有“大创新”的思维是影响未来我国创新发展的关键，也将影响海淀中关村科学城的建设。

本书也是我入职海淀区委党校五年以来对中关村核心区创新发展问题的部分观察与思考。首先非常感谢单位的领导和同事，他们经常关心本书的写作和出版。其次，在写作过程中，要特别感谢中关村国家自主创新示范区发展研究中心宋洁尘主任对本书的指导，他不仅在整体框架、思路上为我提出了整体意见，而且从头到尾阅读最后书稿，对文中不确定的数据、不恰当的语言以及错别字逐一标出或修改。除此之外，还要感谢为本书撰写和修改提过意见的专家，包括中关村管委会孙双琴主任、北京决策咨询研究中心张振伟副书记、北京市委党校经济学教研部张勇副教授、海淀区统计局王良杰主任等，以及为本人撰写过程提供资料帮助的海淀园或海淀区发展改革委领导等，在此就不一一列出。在研究过程中，笔者参阅了大量文献和资料，并进行了不少调研，在此一并致谢，如有疏漏，也请原谅！在本书出版之际，感谢经济管理出版社的支持，为本书的出版付出了不少精力。由于本人能力和水平有限，书中难免有误和疏漏之处，恳请批评指正！

叶素云

2019 年 3 月 20 日